本书获苏州大学优秀创新团队建设项目"地方政府与社会治理"
（项目编号：NH33710921）资助

公共管理
质性研究方法

GONGGONG GUANLI
ZHIXING YANJIU FANGFA

宋典　叶莹／编著

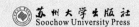

图书在版编目(CIP)数据

公共管理质性研究方法 / 宋典，叶莹编著. --苏州：苏州大学出版社，2023.12
ISBN 978-7-5672-4732-1

Ⅰ.①公… Ⅱ.①宋… ②叶… Ⅲ.①公共管理-研究方法 Ⅳ.①D035-3

中国国家版本馆 CIP 数据核字(2023)第 255092 号

书　　名：公共管理质性研究方法
编　　著：宋　典　叶　莹
责任编辑：吴昌兴
装帧设计：吴　钰
出版发行：苏州大学出版社（Soochow University Press）
社　　址：苏州市十梓街1号　邮编：215006
印　　装：江苏凤凰数码印务有限公司
网　　址：www.sudapress.com
邮　　箱：sdcbs@suda.edu.cn
邮购热线：0512-67480030
销售热线：0512-67481020
开　　本：700 mm×1 000 mm　1/16　印张：9.75　字数：165千
版　　次：2023年12月第1版
印　　次：2023年12月第1次印刷
书　　号：ISBN 978-7-5672-4732-1
定　　价：48.00元

凡购本社图书发现印装错误，请与本社联系调换。服务热线：0512-67481020

目 录

- 第1章 质性研究概述 / 1
  - 1.1 质性研究的定义 / 1
  - 1.2 质性研究的范式 / 5
  - 1.3 质性研究与理论 / 8
  - 1.4 质性研究的过程 / 9
  - 1.5 质性研究的质量评价 / 15
  - 1.6 质性研究的伦理 / 17
- 第2章 民族志 / 19
  - 2.1 民族志的起源与内涵 / 19
  - 2.2 民族志的分类 / 21
  - 2.3 民族志的方法论 / 23
  - 2.4 民族志的研究过程 / 24
  - 2.5 民族志研究的伦理准则 / 28
- 第3章 田野调查法 / 31
  - 3.1 田野调查法的内涵 / 31
  - 3.2 田野调查的起源和发展 / 32
  - 3.3 田野调查的过程 / 34
  - 3.4 何处是田野?——田野调查的方位 / 36
  - 3.5 进入田野的方式 / 37

3.6 从"入场"到"在场"——"沟通田野" / 38
3.7 田野调查的具体方式 / 39
3.8 田野笔记的撰写 / 41
3.9 田野调查的基本原则 / 44

第4章 访谈法 / 45

4.1 访谈的内涵 / 45
4.2 访谈的类型 / 46
4.3 访谈的过程 / 48

第5章 焦点小组法 / 56

5.1 焦点小组法的起源 / 56
5.2 焦点小组的定义 / 57
5.3 焦点小组法的分类 / 59
5.4 焦点小组的访谈过程 / 61
5.5 焦点小组法的优缺点 / 66

第6章 行动研究——知行合一范式 / 68

6.1 行动研究的发展历程 / 68
6.2 行动研究的内涵 / 70
6.3 行动研究的分类 / 71
6.4 行动研究的过程 / 72
6.5 行动研究的基本特征 / 78
6.6 行动研究的质量评价与应用趋势 / 80

第7章 扎根理论 / 82

7.1 扎根理论的起源与定义 / 83
7.2 扎根理论的流派 / 84
7.3 扎根理论的哲学基础 / 85
7.4 扎根理论的特点 / 86

7.5 扎根理论研究的过程 / 87

7.6 扎根理论应用的前提条件与限度 / 91

第8章 基于质性分析的案例研究设计 / 93

8.1 案例研究的定义与基本特征 / 93

8.2 案例研究的逻辑与范式 / 97

8.3 案例研究的分类 / 103

8.4 案例研究的设计 / 108

8.5 案例选择与数据收集 / 118

8.6 案例研究的质量标准 / 122

第9章 质性数据挖掘 / 127

9.1 内容分析与扎根理论 / 127

9.2 数据编码的原则与方法 / 130

9.3 NVivo分析软件及其应用 / 139

后 记 / 148

第1章 质性研究概述

实证主义（positivism）风潮影响下，质性研究的地位一直不是很高，甚至有时被"鄙视"。被"鄙视"的原因是从事质性研究似乎不需要经过专门的训练，是一件随心所欲的事情，主观性强，不具有规范性。但是，随着实证主义浪潮的退去，质性研究渐显峥嵘，开始被理论界重视。

1.1 质性研究的定义

要理解质性研究，首先要理解"研究"。研究是寻找对所研究对象的解释和确定因果关系的过程，其目的是揭示事物的本质和规律，研究活动的成果可以用作决策依据。研究应当具备以下特征：第一，目的性，进行研究必须有一个明确的目标或目的；第二，严格性，须遵循认真、谨慎原则；第三，可验证性，某种假设可以通过统计检验的方法来验证；第四，精确性与可信度，前者指根据样本得到的结果与真实情况相当接近，后者指我们有信心相信多大的概率是正确的、多小的概率可能是错误的；第五，可重复性，假设不是偶然地被支持，而是对研究对象总体真实状态的反映；第六，客观性，依据实际资料的推导而不是个人主观的或情绪性的判断得出结果；第七，共性，一个情境中的发现可以应用到其他情境中；第八，简练性，在构建研究框架时，尽可能以较少的变量来解释方差。从这些特征可以得出，研究不是偶然发现，但偶然发现可能导致有成效的研究；研究并非汇集数据和以某种形式表示出数据（有效性、条理性、论证性）；研究不是概括总结已有的成果。一般而言，研究过程如下①（图1-1）：

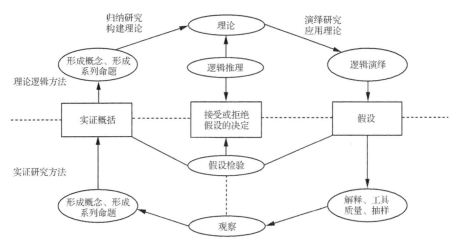

图1-1 研究过程流程图

要理解质性研究，其次要对"质性"的内涵有较为深入的理解。"质性"在英文中的单词是"qualitative"，它的对应词是"quantitative"。"qualitative"在中文中有不同的翻译，有学者将它直接翻译成"定性"，当前更多的学者将它翻译成"质性"，还有学者将它翻译成"质的研究"②"质化研究""定质研究"。学者们对"质性"的理解稍有差异，维维恩·沃勒（Vivienne Waller）等学者认为质性研究主要研究某个事物的特点或性质，而定量研究则是对事物或特点的数量加以呈现。③ 有学者认为"质"是指事物是什么、如何、何时和何地的意义。④ 可以看出，"质性"一词强调的是实体的性质、过程和意义，质性研究涉及价值判断和意义赋予，在很多情境下不能被很精确地测量出来。

要理解质性研究，最后要对"质性研究"的概念进行解析。国外学者

---

① 陈晓萍，沈伟. 组织与管理研究的实证方法 [M]. 3版. 北京：北京大学出版社，2018：23.
② 陈向明. 教师如何作质的研究 [M]. 北京：教育科学出版社，2001：12.
③ 维维恩·沃勒，卡伦·法夸尔森，德博拉·登普西. 如何理解质性研究 [M]. 刘婷婷，译. 北京：中国人民大学出版社，2021：5.
④ 范明林，吴军，马丹丹. 质性研究方法 [M]. 2版. 上海：格致出版社，上海人民出版社，2018：2.

认为质性研究是一种将观察者置于现实世界之中的情境性活动。它由一系列诠释性的、使世界可感知的实践活动构成，这些实践活动改造着世界。然后，它们将世界转变成一系列的表征，包括实地笔记、访问、谈话、照片、记录和自我备忘录等。通过这些表征，研究者进而深入了解研究对象是如何诠释其社会行为意义的。[①] 国内学者陈向明指出："质的研究是以研究者本人作为研究工具，在自然情境下采用多种资料收集方法对社会现象进行整体性探究，使用归纳法分析资料和形成理论，通过与研究对象互动对其行为和意义建构获得解释性理解的一种活动。"[②] 质性研究具有在自然情境而非人工控制情境下研究、研究者是研究工具、收集资料的方法多样、采用归纳法、主体间互动等特征。陈向明还指出了质的研究与量的研究之间的区别[③]（表1-1）。

表1-1 质的研究与量的研究比较

方面	量的研究	质的研究
研究的目的	证实普遍情况，预测	解释性理解，提出新问题
对知识的定义	情境无涉	由社会文化所建构
价值与事实	分离	密不可分
研究的内容	事实，原因，影响，凝固的事物	事件，过程，意义，整体探究
研究的层面	宏观	微观
研究的问题	事先确定	在过程中产生
研究的设计	结构性的，事先确定的，比较具体	灵活的，演变的，比较宽泛
研究的手段	数字，计算，统计分析	语言，图像，描述分析
研究工具	量表，统计软件，问卷，计算机	研究者本人（身份、前设），录音机

---

① 诺曼·K. 邓津，伊冯娜·S. 林肯. 质性研究手册：方法论基础 [M]. 朱志勇，王熙，阮琳燕，等译. 重庆：重庆大学出版社，2018：4.
② 陈向明. 质的研究方法与社会科学研究 [M]. 北京：教育科学出版社，2000：12.
③ 陈向明. 教师如何作质的研究 [M]. 北京：教育科学出版社，2001：15 – 17.

续表

方面	量的研究	质的研究
抽样方法	随机抽样，样本较大	目的性抽样，样本较小
研究的情境	控制性，暂时性，抽象	自然性，整体性，具体
收集资料的方法	问卷，统计表，实验，结构性观察	开放式访谈，参与观察，实物分析
资料的特点	量化的资料，可操作的变量，统计数据	描述性资料，实地笔记，当事人引言
分析框架	事先设定	逐步形成
分析方式	演绎为主，在收集资料之后	归纳为主，寻找主题，贯穿全过程
研究结论	概括性，普适性	独特性，地域性
结果的解释	文化客位，主客对立	文化主位，互为主体
理论假设	在研究之前产生	在研究之后产生
理论来源	自上而下	自下而上
理论类型	大理论，普遍性规范理论	扎根理论，解释性理论，观点，看法
成文方式	抽象，概括，客观	描述为主，研究者的个人反省
作品评价	简洁，明快	深描，多重声音
效度	固定的检测方法，证实	相关关系，证伪，可信性，严谨性
信度	可以重复	不能重复
推广度	可控制，可推广到抽样总体	认同推广，理论推广，累积推广
伦理问题	不受重视	非常重视
研究者	客观的权威	反思的自我，互动的个体
研究者所受训练	理论的，定量统计的	人文的，人类学的
研究者心态	明确，确定	不确定，含糊，多样性
研究关系	相对分离，研究者独立于研究对象	密切接触，相互影响，变化，共情
研究阶段	分明，事先设定	演化，变化，重叠交叉

也有学者指出质性研究和定量研究有五个方面的区别：第一，在使用实证主义和后实证主义方面的差别；第二，对后现代主义敏感性的接受程度不同；第三，捕获个体观点的程度不同；第四，在考察日常生活的限制

方面不同；第五，在是否获得丰富的描述方面不同。①

如上所述，可以将质性研究理解为主要或专门使用非数字数据的研究，是一个研究者深入思考，对现实进行重构的过程。它有着强大的历史魅力：发现新概念、揭示深层结构和过程、培养新的观察方式。②

1.2 质性研究的范式

研究方法的基础是研究方法论，有学者指出公共管理研究方法论经历过三个阶段的反思和争论：第一个阶段是以西蒙（Simon）为代表的实证主义和以沃尔多（Waldo）为代表的规范主义之间的争论；第二个阶段是批判主义和实证主义之间的争论，批判主义的方法主要由登哈特（Denhardt）提出；第三个阶段是以实证、诠释和批判三种取向方法论的整合为主。③

质性研究的主要范式有实证主义范式、解释主义范式和批判主义范式。

1. 实证主义范式

实证主义的本体论假设社会世界独立于个人的主观感知，社会世界是一个"事实"的集合。它认为由行动者和代理人构成的世界可以应用统计的效度和信度去测评实体及其效应。同时，它认为应清晰界定核心概念和关系，以保证研究的科学性。除此之外，实证主义认为相关变量之间关系的假设和检验是理论发展的唯一正确路径。

---

① 诺曼·K. 邓津，伊冯娜·S. 林肯. 质性研究手册：方法论基础 [M]. 朱志勇，王熙，阮琳燕，等译. 重庆：重庆大学出版社，2018：15-16.
② 蔡振荣，商靓. 质性研究：基于 R [M]. 徐敏亚，译. 北京：中国人民大学出版社，2021.
③ 曹堂哲. 公共管理研究方法：基于公共管理问题类型学的新体系 [M]. 北京：北京大学出版社，2014：3.

2. 解释主义范式

解释主义源于阐释学与现象学哲学流派，它认为人类对世界的体验并非只是对外在世界的被动感知，个体在与外在世界互动的过程中，会对外在世界进行主动认知，并用某种图式对外在世界进行主动解释。解释主义特别反对实证主义在研究过程中将所持的中立观察和通用原则延伸到社会科学研究过程中。解释主义尝试通过以行动者为原点来理解和解释社会世界，这与实证主义的观点有较大出入。实证主义只关注外在客观的世界，认为研究的目的是寻找用来指导行动的真理；相反，解释主义认为存在多样化的社会构建真理，所以它不仅仅关注外在的客观世界，也关注内心、经验和行动者思考的主观世界。解释主义的方法论、研究方法与实证主义的有着显著区别。它特别强调社会世界的内在复杂性，认为社会世界具备模糊、不连续、零碎、分割化和差异化等特征，所以个体生活和经验不能被简化、理性化或预测。

3. 批判主义范式

与其他范式的关注点不同，批判主义认为权力的控制广泛嵌入组织内部的社会结构之中，假如能理解组织内部普遍存在的权力不平衡和内在不平等，那么就可以更好地理解组织中的员工关系。这种不平衡可能源于组织内部管理层级、性别、种族、知识等方面的差异。批判主义者试图揭开组织内部权力产生主观性和身份的过程，并让被管理者对管理者产生依赖和服从，从而达到通过信任、忠诚和授权来控制员工的目的。

这三种范式下的质性研究方法有着较大的区别，蔡振荣和商靓进行了归纳①（表1-2）。

同时，在范式之外，质性研究类型划分的标准比较多，有的依据研究问题对研究策略进行分类，可以分为现象学、民族志、扎根理论、常人方法学/言语分析法、参与性观察和质的生态学。当前质性研究分类最常用的是依据路径进行分类，如历史研究、民族志研究、个案研究、现象学研

---

① 蔡振荣，商靓. 质性研究：基于 R [M]. 徐敏亚，译. 北京：中国人民大学出版社，2021.

究、传记研究、扎根理论研究、行动研究。

表 1-2 质性研究三种主要范式的区别

	实证主义	解释主义	批判主义
社会现实的认识论	社会现实是自然存在,能被发现、描述、解释、预测和理解	解释社会现实,找到事实和事件的意义——共同建构和理解	社会现实独立于人类观察者而存在
理论化风格	分析变量之间的因果关系,提出的关系尽可能具有普适性	生成或利用概念提出相关理论来描述和解释社会	事件导向的过程理论化,分析因果过程,解释事物发生、发展和终止等
目标	检验或发展理论	生成新的理论	用归纳或演绎的方式重新描述某些社会现实
研究逻辑	案例复制法	扎根理论方法	跨案例重复、纵向时间重复等
理论在研究过程中的作用	研究问题在研究开始时是依据理论提出的	研究问题可以在没有理论的情况下提出	理论对研究问题的提出没有决定性影响
研究过程	先进行案例内分析,再进行跨案例分析,然后将证据列表、细化结构并找出可检验的命题	通过不同的编码方式开展研究	依据案例时间线阐释社会现实
研究结果呈现	证据表格或理论模型	没有固定的风格	没有固定的风格
分析过程	主要依靠数据分析方式	主要依靠编码或软件,如 NVivo	没有特定的方式

凯西·卡麦兹（Kathy Charmaz）将质性研究作为一个连续体来看待①（表 1-3）。

表 1-3 作为连续体的质性研究

完全自然主义的研究	半自然主义的研究
完全自然情境	半自然情境
完全开放型	半开放型
完全悬置假设	主动利用假设
描述为主	建构理论为主

---

① 凯西·卡麦兹. 建构扎根理论：质性研究实践指南［M］. 边国英, 译. 重庆：重庆大学出版社, 2009：总序Ⅷ.

1.3 质性研究与理论

科学研究的目的之一是建构理论，或者是对先前理论进行检验或发展。有价值的研究必然有理论贡献。理论是由假定、概念、命题、概念间如何联系的机制和边界条件共同构成的系统性、逻辑性知识。① 理论具有三个特征②：① 理论的目的是建立特定事物或现象之间的关系，这些关系是通过观察或逻辑建立起来的，表明各种不同的事物之间是如何相互联系和相互作用的；② 理论所揭示的是一种抽象化的理性认识，而不是感性认识，不能直接通过感官获得，必须通过特定的方法才能获得，比如，数据分析或逻辑归纳；③ 理论需要得到检验，不能得到检验的理论只能是猜想。当然理论也有可能在短期内无法得到验证，但等到实验条件成熟的时候，理论要可以验证。

质性研究方法与理论的关系比较复杂，以安塞尔姆·L. 施特劳斯（Anselm L. Strauss）和巴尼·G. 格拉泽（Barney G. Glaser）为代表提出的扎根理论方法认为，质性研究的目的不是验证理论，而是生成理论。他们特别提到，在验证过程中，当研究者的首要任务是验证现有的理论时，研究者应当将主要目标转变为从社会研究的数据中有目的地、系统地发展新的理论。③ 据此，他们提出了一种扎根理论，这是一种自上而下的理论建构策略，它承认社会发展规律的客观性，并坚持按照科学规范的方法，从对数据的逐步归纳和提升中得到理论，实现理论与数据的契合。④ 后来，他们又特别阐述了应当生成什么样的理论，并认为可以生成实质理论和形式理论。当前，多数学者认为质性研究更多的时候是用来生成理论，但也

---

① 曹堂哲. 公共管理研究方法：基于公共管理问题类型学的新体系 [M]. 北京：北京大学出版社，2014：3.
② 蒋逸民. 社会科学方法论 [M]. 重庆：重庆大学出版社，2011：149 - 150.
③ 巴尼·G. 格拉泽，安塞尔姆·L. 施特劳斯. 发现扎根理论：质性研究的策略 [M]. 谢娟，译. 武汉：华中科技大学出版社，2022：25.
④ 贾旭东，衡量. 扎根理论的"丛林"、过往与进路 [J]. 科研管理，2020，41 (5)：151 - 163.

不排斥用质性研究方法来验证某种理论。

1.4 质性研究的过程

尽管有部分学者认为质性研究既不需要事先开展太多的规划，也不需要事先阅读相关的文献，更不需要事先关注太多的理论；但研究是一项有计划的行动，依赖于类似青霉素发现的意外研究，或者类似王家卫拍电影的意识流风格，如果没有丰富的经验，研究的效率会大打折扣。所以，无论是陈向明还是科琳·格莱斯（Corrine Glesne），都建议在质性研究过程中进行科学的规划，并提出质性研究设计框架。当然，他们也特别说明质性研究设计要比定量研究灵活一点，是一种非线性结构。在格莱斯看来，质性研究框架见表1-4。[①]

表1-4 格莱斯质性研究框架

研究要素	相关议题
研究引言	研究目的和阶段性目标 研究陈述（一句话的陈述，用来描述你想做的研究） 研究种类
概念框架	本研究与个人经验和知识的关系 本研究与现有理论和研究的关系 预试验研究对现有想法及拟采用的方法的贡献
研究问题	对要理解或探索的主要问题的描述 研究问题与现有研究及理论、个人的经验和研究目的之间的关系
研究方法	描述研究现场和社会背景 讨论研究类型 地点和参与人员的选择 研究关系 数据收集方法 数据分析步骤

---

① 科琳·格莱斯. 质性研究入门指南 [M]. 崔淼，苏敬勤，译. 5版. 北京：北京大学出版社，2021：40－41.

续表

研究要素	相关议题
效度和道德	研究信度的潜在威胁 如何应对这些威胁 对可能出现的道德问题的考虑
研究启示	知识 政策 实践 参与者
参考文献	—
附录	时间表 研究信息概要 知情同意书 访谈问题

依据上述框架，质性研究设计的阶段可以概述如下。

1. 发现某种现象，确定研究问题

质性研究关注的问题往往源自社会现象，现象是质性研究的起点。这种现象往往比较新颖，先前很少有学者关注过，或者也没有合适的理论能够较好地解释，需要发展新的理论来阐释。例如，在公共管理领域，形式主义一直是困扰基层治理的重要问题。习近平总书记指出："如果任由形式主义官僚主义蔓延开来又得不到有效遏制，我们党就会脱离群众，就会失去生命力，就有可能发生毛泽东同志所形象比喻的'霸王别姬'了。"①中共中央和国务院多次发布整治形式主义的文件，多次召开整治形式主义的会议。

随着电子政务系统的广泛应用，数字领域的形式主义风气逐渐抬头，一些地方出现政务 APP 泛滥，对基层干部造成了不小的负担。在整治形式主义过程中出现的新的形式主义有哪些类型？新的形式主义是如何产生的？基层的应对策略是什么？这些问题很少被理论界关注，也很少有学者给出针对此类问题的理论框架。从批判主义质性研究的视角来看，新的形

---

① 习近平. 力戒形式主义官僚主义，为决胜全面建成小康社会提供坚强作风保证 [N]. 人民日报，2020 – 06 – 03（06）.

式主义可能是某些职能部门控制、协调基层政府的一种工具。这种工具如何演变为形式主义，以及不能提高基层治理效率，却成为关系协调工具的问题就值得探讨。

现象是复杂和宽泛的，但要把它转变为研究问题，还需要继续聚焦，将宽泛的现象转化为一个具体的研究问题。陈向明认为质性研究的问题应当具有以下特征：应当是学术界或实践界尚存疑问，而且研究者本人认为它是值得探讨的有意义的问题。"有意义的问题"具有两重含义：一是研究者对此问题不是很了解，特别想深入了解；二是问题在现实生活中确实存在。比如，基层形式主义是较普遍的现象，它确实存在，而且导致部分基层管理人员疲惫不堪，降低基层治理效率。作为现象，它可以继续细化为几个问题：我想研究的对象是谁？哪类人受形式主义伤害？这类人受形式主义伤害是否有典型性？他们受形式主义伤害的心理反应过程有何特殊规律？他们是如何应对的？我是想从心理反应的角度，还是形式主义应对策略的角度出发探讨？……在对这些问题聚焦的基础上，研究者可以开展村（社区）工作人员对形式主义的感受及应对策略方面的课题研究，这样就将宽泛的现象转化为具体的问题。

在现象转化为具体研究问题的过程中，研究者还要考虑问题的类型。问题有概括性问题和特殊性问题之分，特殊性问题是指研究对象或范围比较小的问题，质性研究较适合于对此类问题的探讨。这与实证研究范式问题的确定有较大的区别。质性研究还较适合于探讨过程性问题，用质性研究方法剖析事情发生的过程与机制，而不是去探讨各个概念或变量间的数量差异。质性研究也更多地适合于描述性问题和解释性问题，从诠释主义（interpretivism）和批判主义的角度，强调对现象的本相和意义进行探究，强调与研究对象间的互动、对话，以领悟真实的问题。在问题方向确定之后，研究者还要对问题进行界定和描述，既不要太宽，也不要太窄，并且用清晰的语言对问题进行描述，对问题包含的概念进行界定。

2. 阐释研究意义，构建研究框架

公共管理研究的本质是通过系统化的方法，构建某种理论，发现某种关系，为公共管理实践提供理论指导和遵循，这也是研究意义之所在。所以，研究意义是质性研究的本质要求。对于质性研究而言，其研究意义与

实证研究稍有不同，实证研究一般强调研究的理论意义和实践意义，但质性研究还应强调个人的意义，所以质性研究的目的和意义可分为个人的、实用的和科学的三类。①

从个人的角度来看，质性研究会给个体带来利益。例如，对基层形式主义的研究既可能会给研究者带来某些直接利益，也可能会提高其社会声誉，当然还可能是研究者对此问题感兴趣，使得从事此问题的研究是追求一种内在的动机。从实用的角度来看，质性研究的成果会对公共管理产生影响。如果此问题的质性研究结论能够改变基层形式主义的不良趋势，揭示基层形式主义产生的主要原因，并向相关部门提出有针对性的对策，那么这项研究就是有意义的。事实上，在管理学领域经典的霍桑实验中，后期的研究主要是依靠质性研究来开展的，并得出了在正式的组织中存在着自发形成的非正式群体，人有情感需要的结论。这为后期员工管理实践提供了新的行动方案。从科学的角度来看，质性研究的结果要有理论意义，它是指构建公共管理理论，为理解公共管理实践提供新的思路。对于基层形式主义问题而言，如果研究者能够构建一种中观理论，详细解析基层形式主义的类型、诱发原因、产生过程和负面影响，那么它就能深化理论界对此问题的理解，为该领域的研究提供新的理论框架。在这三类研究目的和意义中，不同的主体对研究意义的强调有所不同。对于刚刚毕业并希望能够在高校获得稳定教职的研究者而言，他们可能更看重研究的个人意义。对于公共管理硕士（Master of Public Administration，MPA）或政府官员而言，他们希望研究能够为根治公共管理中的形式主义提供解决策略。对于部分学者而言，他们很可能希望构建一个针对基层形式主义问题的理论框架，从更为宏观的视角解析此类问题，深化公共管理研究的理论思考。在质性研究过程中，这三个层次的目的和意义在某种情境下可以实现统一，但任何问题的研究最终都要上升到理论层次，尽可能扩展现有理论体系，以便为更多相关问题提供实践指导。

研究目的和意义基本确定之后，研究者需要充分检索和阅读现有的研究成果。当然，在质性研究过程中，学者们对此有所争议。有学者认为前人的理论可以为自己的研究提供一个框架或指导，指明自己的研究方向。

---

① 陈向明. 质的研究方法与社会科学研究 [M]. 北京：教育科学出版社，2000：84-86.

也有学者认为前人的理论可能会造成"学术霸权",妨碍研究者构建自己的理论体系。无论是参考还是不参考前人的理论,研究者下一阶段需要设计自己的研究概念框架。概念框架是一个研究的初步设想,主要涉及以下几个问题:第一,问题研究的核心概念是什么,它的外延有哪些。例如,形式主义是什么?它在公共管理领域主要表现为哪些形式?尽管当前有不少研究对形式主义的概念进行了说明,但这些说明之间存在较大的区别,所以在概念界定过程中需要将概念具体化、可操作化,让读者明了研究者心中的概念是什么。第二,概念之间的关系是什么。例如,多数学者认为分条块考核和考核留痕是导致形式主义的重要原因,也有学者指出形式主义会导致基层部门工作人员职业倦怠。那么在构建研究概念框架阶段,研究者就要对"分条块考核""考核留痕""职业倦怠"这三个概念进行清晰界定,并利用图解形式将它们之间的关系展示出来(图1-2)。第三,概念关系明晰之后,研究者需要对研究的范围、层次之类的问题进行说明。概念框架图描述了各个概念之间的关系,但没有清晰说明各个概念的范围和层次。对于分条块考核而言,它是目前管理体制下的一种考核模式,其实施主体是上级部门,考核对象是基层各个部门,所以在概念框架中,研究者要明确分条块考核是从考核主体的角度还是考核对象的角度来描述的。而职业倦怠往往是从基层部门工作人员的角度来描述的,这时就要考虑各个概念的研究测量层次是否一致,避免出现各个概念测量层次和范围不同所导致的推论无效现象。第四,概念关系和测量层次确定之后,研究者要形成自己的工作假设,将研究问题具体化,并初步进行系统化的思考。

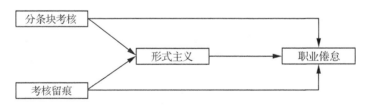

图1-2　形式主义研究概念框架图

3. 明确研究对象,选择研究方法

框架确定之后,研究者需要明确质性研究的对象,这里主要涉及调查对象，类似定量研究中的样本。定量研究的理想抽样是随机抽样，但这在质性研究中很难实现。质性研究中有时候样本或案例很少，特别是针对社会刚刚涌现的新事物，出现的个案就有可能是研究的全部样本。确定研究对象时，要明确调研谁、在何时何地调研、调研对象可以提供哪些信息等问题。尽管随机抽样很难实现，但质性研究学者也提出了一些研究对象抽样方法，如概率抽样和非概率抽样、目的抽样等。在质性研究中，目的抽样经常被使用，在实施过程中可以选择极端或偏差型个案抽样、同质性抽样、典型个案抽样、效标抽样等方式。当然，质性研究由于以研究者为工具，所以抽样经常会受到个人特征、地位、社会网络关系等因素的影响。在质性研究过程中，将资料饱和作为质性研究中停止数据收集和分析的方法论原则被广泛接纳与使用，它甚至被奉为确定质性研究样本量的"黄金准则"与"行动指南"，以及质性研究质量的"保证书"。①

样本确定之后，研究者需要选择合适的研究方法。质性研究的方法有多种类型（图1-3）。

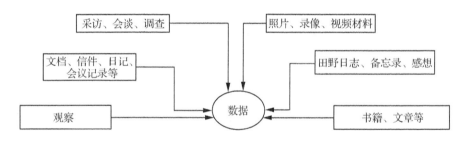

图 1-3 质性研究方法的类型

在质性研究中，经常使用的方法有观察法、访谈法和资料法，以及以这些方法为基础的焦点访谈、民族志、田野调查等。本书将对质性研究过程中经常使用的方法进行介绍。但需要注意的是，在质性研究中很少单独使用某一种研究方法，而是经常采用三角验证法，即同时采用多种方法收集资料和数据，并且尽可能多渠道地收集信息。尽管有争议，但三角验证法在质性研究中使用的频率越来越高，原因在于数据来源多元化，可以帮助研究者更好地理解不同对象的不同观点，以深化理解和诠释社会现象。

---

① 谢爱磊，陈嘉怡. 质性研究的样本量判断：饱和的概念、操作与争议 [J]. 华东师范大学学报（教育科学版），2021，39（12）：15-27.

4. 实施研究计划，展现最终成果

明确研究的问题、意义、对象和方法之后，研究者就需要应用焦点访谈、民族志、田野调查等方法，进入现场，与研究对象互动，深入沟通与交流，获得各种资料。这些资料可能是文本、图片、历史叙事，也可能是访谈或记录的音频、视频等。然后，研究者需要对资料进行分类。较为常见的方法是在分类的基础上，应用扎根理论等方法对资料进行编码，得出结论，建立初步的理论。理论建构完毕之后，研究者需要依据期刊学术论文或学位论文的要求，撰写出符合相关规范的文本。在质性研究成文过程中，须尽量避免三种研究误区：① 描述性误区，指一些质性研究只停留在对研究对象的经验描述上，没有上升到理论层面；② 特殊性误区，指研究无法将研究对象的特殊性与普遍性连接起来，无法从特殊上升到普遍；③ 去情境化误区，指对某种现象进行研究时，未能把研究对象与社会情境或历史情境联系起来分析。①

1.5 质性研究的质量评价

质性研究之所以经常被质疑，是因为它既没有清晰界定和可以测量的变量，也没有一个普适性的因果模型，观察或样本也不是随机的，在研究过程中也很难保持价值中立，主体与客体之间的严格区分逐渐弱化。虽然当前理论界对质性研究的质疑相对而言已经变少了，但是质性研究的质量评价总是存在的。这个质量评价更多的是从事质性研究的学者提出的，他们要思考一个关键的问题：优秀的质性研究与糟糕的质性研究之间有何区别？对质性研究质量问题的反思可以促使研究者遵循特定的规则和标准从事研究，为他人评价与批评研究提供靶向。对于质量评价而言，质性研究质量体系可以让机构决定是否资助该项目，学术刊物也需要通过质量评价

---

① 王宁. 走出质性研究的三个误区：论青年研究的规范化 [J]. 青年探索，2022（3）：49–60.

标准体系来决定是否录用该论文。

长期以来，社会科学实证研究的质量评价主要包括信度、效度和客观性三个方面，信度和效度受到的关注较多，理论界对客观性阐述得较少。S. 布林克曼（S. Brinkmann）和 S. 奇费尔（S. Kvale）从四个方面讨论了客观性问题：第一，不受偏见的影响；第二，主体间共识；第三，给予研究对象充分的表达机会；第四，允许研究对象提出反对意见。① 对于质性研究而言，实证研究中的信度概念需要重新表述，信度在质性研究中向着过程信度的方向发展，主要是指数据的获取过程要更加透明，研究者或读者能够核查访谈资料与研究结论的内在逻辑性。质性研究中的效度被马克斯韦尔（Maxwell）分为五种类型：第一，描述效度，指在研究过程中展现的数据资料要保证事实准确性，确保无误，不会被误读或错误地转述。第二，解释效度，指研究得到的结论，如意义的提出、使用和呈现的恰当性。第三，理论效度，指概念效度和关系效度。概念效度是指提取的概念比较适用且能够用于理论分析，关系效度是指概念之间的关系能够解释实际现象。第四，推广效度，指研究得到的结论或理论能够被应用到其他领域。第五，评估效度，指质性研究形成的框架用于分析、归类、陈述活动的合理性。② 特雷西（Tracy）提出高质量的质性研究应当具有八个特征：① 有价值的话题；② 充分严谨性；③ 真诚；④ 可信；⑤ 共鸣；⑥ 显著贡献；⑦ 符合伦理；⑧ 意义的一致性。③

质性研究中的效度可能因记忆问题、研究效应、文化前设和间接资料来源等而缺失或被污染，在质性研究过程中可以采用证伪法、三角验证法、比较法、反馈法等方法检验效度。④ 有学者提出在研究过程中采取以下步骤（表1-5），可以提升质性研究的质量。⑤

---

① Brinkmann S, Kvale S. Doing interviews [M]. 2nd ed. London: SAGE, 2018: 140 - 141.
② 伍威·弗里克. 质性研究质量管理 [M]. 张建新, 译. 2版. 上海: 格致出版社, 上海人民出版社, 2020: 27.
③ Tracy S J. Qualitative quality: Eight "big-tent" criteria for excellent qualitative research [J]. Qualitative Inquiry, 2010, 16 (10): 837 - 851.
④ 陈向明. 质的研究方法与社会科学研究 [M]. 北京: 教育科学出版社, 2000: 390 - 410.
⑤ 陈向明. 质的研究方法与社会科学研究 [M]. 北京: 教育科学出版社, 2000: 115 - 116.

表 1-5　质性研究质量提升步骤

序号	问题
1	慎重考虑并决定究竟是使用质性研究还是定量研究。为何要进行质性研究？您有何种理由？您对质性研究有何期望？
2	反思您的知识兴趣的理论背景。您的背景对研究计划有怎样的影响？您接近研究对象的路径有多开放或多封闭？
3	仔细规划您的研究，但允许重新考虑这些步骤，并根据研究状况对其进行修改。什么是必要与适当的捷径？
4	仔细规划您的抽样。您的案例是什么？这些案例代表什么？
5	想一想在该领域您应该与谁联系并告知您的研究。
6	思考一下，您选择某种数据收集方法的理由是出于习惯吗？有何替代的方法？方法对数据有何影响？
7	仔细规划如何记录数据与研究经历。您应当记录哪些内容？在记录过程中需要注意哪些关键信息？数据记录方法对您的研究结论有何影响？
8	想一想您分析数据的目的。
9	思考一下数据展现的研究经历和结果。您写作的目标受众是谁？您希望读者相信您的何种结论？
10	规划如何确定您的研究质量。
11	是否需要使用计算机软件？

1.6　质性研究的伦理

在将人作为研究对象的研究中，研究者与研究对象之间的特殊关系由研究的本质决定。然而，研究确实会给研究对象带来一定的风险。与定量研究类似，质性研究至少也要遵循三项原则：知情同意原则、尊重与平等原则、无伤害与收益原则。

第一，知情同意原则，指在以人为场域的研究中，研究者必须获得研究对象/参与者的同意，要让研究对象知晓研究的实际意图、潜在风险和预期收益，还要让其自愿同意。研究者提供信息、研究对象完全理解、研究对象完全自愿是知情同意的三大要素。第二,尊重与平等原则,指研究者要时刻审视自己的态度和立场,试着站在与自己生活和工作经验不一样的研究对象的立场上,以一种分析的眼光来研究。第三,无伤害和收益原则,指研究不会给研究对象带来伤害,同时要告知其可能带来的收益。

在上述伦理之外,由于质性研究过程可能涉及研究对象的部分隐私,如个人的生活风格、心理反应、收入等比较私密的话题,因此,在此过程中一定要做到保密,并且应当充分理解研究对象的隐私问题。没有得到研究对象的同意,不能散布于众;即使得到同意,在很多情况下也要匿名处理,遵循保密原则。

尽管本章对质性研究进行了概述,它表面看起来很简单,但实际执行过程中有很多难点,问题的理论概念构思、调查的设计与执行、资料的收集与分析、报告的撰写等环节都有很多"陷阱"[1],需要研究者理解质性研究的内涵,掌握质性研究的方法,刻意练习,丰富质性研究的经验,提升质性研究的技能,力争做出一个高质量的质性研究。

---

[1] 哈利·沃尔科特. 质性研究写起来:沃尔科特给研究者的建议[M]. 李政贤,译. 重庆:重庆大学出版社,2017:13-14.

第 2 章 民族志

民族志（ethnography）是由人类学家创建的一种研究方法，后来逐渐走出人类学的学科之门，被政治学、哲学、艺术学、管理学等学科采用。在当代，它又借助大数据、计算科学等，创新性地发展出了量化民族志、网络民族志等方法，应用的范围也越来越广泛，其在公共管理研究领域也被广泛使用。

2.1 民族志的起源与内涵

民族志这一概念起源于19世纪的欧洲。[①] "ethnography"的词根是"ethno"，源于希腊文"ethnos"，它的意思包含民族或族群、一群人等。"graphy"的意思包含刻画和描述。所以，"ethnography"的字面意思就是对某个民族或群体的描述，翻译成中文就是"民族志"，当然也有翻译成"人群志"的。因为它经常用于描述民族，所以它成为文化人类学的一个重要分支。

尽管民族志是人类学的重要研究方法，但人类对其也有不同的理解。从文本的角度来看，民族志是指把关于异地人群的所见所闻写给自己一样

---

① 张小军，木合塔尔·阿皮孜. 走向"文化志"的人类学：传统"民族志"概念反思[J]. 民族研究，2014（4）：49-57.

的人阅读的文本。① 依据这个理解，历史上的很多传记都可以作为民族志，我国历史古籍中的《汉书·西域传》《大唐西域记》《长春真人西游记》中有关少数民族和相关国家的记录都属于民族志，西方名著《历史》《马可·波罗游记》《利玛窦中国札记》也属于民族志。② 此外，西方早期的旅行者、探险家、传教士等在海外的记录也属于民族志。但此期间的民族志，还稍显稚嫩，没有一套体系化的方法，尚未形成专业化，多数是由非专业人士撰写的。非专业人士只是凭借个人兴趣和游历经历，随意地记录有关人类不同群体的文化。很多时候，这些非专业人士记录的是非西方国家的民族生活情况，多数为不发达国家或地区的土著，具有较强的殖民主义色彩。总体而言，这一时期尚没有专业的民族志方法。

民族志方法的产生与田野调查密不可分。从19世纪末到20世纪初，德裔美国人类学家弗朗兹·博厄斯（Franz Boas）在哥伦比亚大学担任人类学系主任期间，经常跑到美国印第安部落做实地调查，也经常动员学生参加实地调查，并提出了文化相对论。在社会科学领域真正开创实地调查传统的是布罗尼斯拉夫·马林诺夫斯基（Bronislaw Malinowski）。由于战争，他在新几内亚岛和特罗布里恩德群岛上开展了长期的实地调查。通过与当地人一起生活，他认为研究者只有跳出自己的文化群体，参与到被调查者的日常生活情境中，才能真正了解当地人的所思所想。③ 这些学者的工作极大地推动了田野调查方法的发展。在田野工作之后，人类学家依据他们所获得的社会知识写成专著或报告，可以集中考察当地社会的一个方面，也可以整体表现这个地方的社会风貌。这种基于社会文化整体的观点写成的专著或报告称作"民族志"。④ 所以，从这个角度来看，民族志就是通过"参与观察"式的田野调查，长期生活在被调查对象的文化环境中，收集有关被调查对象的一手资料，撰写有关被调查对象全面、真实、客观的社会文化。可以认为民族志是这样的一种研究过程：首先，倡导研究人员长期生活在所研究的环境中。其次，研究人员要周密地观察、记

---

① 詹姆斯·克利福德，乔治·E. 马库斯. 写文化：民族志的诗学与政治学 [M]. 高丙中，吴晓黎，李霞，等译. 北京：商务印书馆，2006：6.
② 刘玉皑. 民族志导论 [M]. 北京：民族出版社，2018：5-6.
③ 阿曼达·科菲. 人群志 [M]. 巴战龙，译. 上海：格致出版社，上海人民出版社，2023：3.
④ 王铭铭. 人类学是什么 [M]. 北京：北京大学出版社，2002：63.

录、参与其他文化的日常生活，在此过程中经常要用到的方法有倾听、体验、提问、观察等，这些方法被称为民族志的方法的"家乡"，或者称为"田野调查"。再次，研究人员在完成田野工作之后，要以细腻的笔触深入叙述，阐释观察到的现象与文化。最后，民族志不仅仅是描述性的，它还需要从纠缠不清的事物中把所有文化现象的法则和规律梳理出来。①

随着科技的进步，人们记录事物的手段逐渐丰富和多样化起来，民族志文本的概念也随之发生变化。从19世纪末到20世纪初，民族志研究者开始尝试将照相、摄影技术引入民族志研究中，形成了一批民族志早期照片、影像记录。在此之后，照片、影像成为广义概念中民族志文本的构成形式，也是民族志工作者对人类族群文化进行描述和记录的成果。随着21世纪信息时代的来临，民族志的方法也有了很大的变革，专家学者通过整合数据挖掘、话语分析、心理学、统计学等方法，发展出了一种崭新的、功能交叉的整合科学研究方法——"量化民族志"②。

在中国，民族志研究最有名的著作是《江村经济》，它的作者费孝通，是马林诺夫斯基的学生。

2.2 民族志的分类

1922年，马林诺夫斯基出版的《西太平洋上的航海者》一书标志着民族志科学研究和书写范式的确立。在该书中，马林诺夫斯基围绕"库拉圈"全面描述土著的文化全貌，试图建立一种关于文化的科学，即文化是一个不可分割的整体，文化各个组成部分的协调互动保证了文化系统的有效运转，所以早期的民族志被称为"科学民族志"。但随着实证主义受到质疑，理论界对民族志进行了发展，民族志方法进入多元发展的时代。

---

① 布罗尼斯拉夫·马林诺夫斯基. 西太平洋上的航海者 [M]. 弓秀英，译. 北京：商务印书馆，2016：8.

② 大卫·威廉姆斯·谢弗. 量化民族志：一种面向大数据的研究方法 [M]. 吴忭，译. 重庆：重庆大学出版社，2022：内容简介 ii.

1. 历史民族志

历史民族志是指在同时参考历史文献和田野资料的基础上，作者通过体验和分析，获取一种对存在于历史中的某个特定族群文化的洞见，最后用民族志的手段将其完整地表述出来。[1][2]

2. 网络民族志

网络民族志也称"虚拟民族志""赛博民族志""在线民族志""数字民族志"等。在互联网出现之前，民族志研究者关注的是现实的社区。20世纪90年代，随着互联网的日益普及，出现了大量新的社区形态——线上社区，民族志的思路又被运用到网络社区中，由此出现了一种新的民族志形态——"网络民族志"[3]。

3. 影像民族志

影像民族志又称"影视民族志""视觉民族志"等，是从属于影视人类学的一种研究方法与表达形态。影像民族志是完成记录与表达的方法和载体，它是为了发现、理解和表现族群社会与文化而在自然的状态下进行的影视记录与研究。[4]

4. 多点民族志

多点民族志与传统民族志的不同在于，它所研究的族群文化存在于多个地点。这种实践方式要求民族志研究者改变以往长期"居住"在某一个田野调查地点的工作方式，转而以"深入地到处走"作为替代。这种多个地点的田野调查，并非走马观花，而是仍需坚持在每个田野调查地点，长期浸润，把握文化全貌与精髓。当然，多个地点的深入调查将耗费研究者

---

[1] 陈静."历史民族志"与"历史的民族志"：民族志实践中的历史之纬[J]. 东方论坛, 2011 (5): 8-12, 26.

[2] 张佩国. 历史活在当下："历史的民族志"实践及其方法论[J]. 东方论坛, 2011 (5): 1-7.

[3] 郭建斌, 张薇."民族志"与"网络民族志"：变与不变[J]. 南京社会科学, 2017 (5): 95-102.

[4] 刘玉皑. 民族志导论[M]. 北京：民族出版社, 2018: 218.

更多的经费、时间和精力。①

5. 自传式民族志

自传式民族志是把个人的生活经历与其所在群体的社会文化现象联系起来，力图从自我反省的角度呈现研究者所在的特定群体的社会生活原貌。②

6. 本土民族志

本土民族志即研究者以"局内人"视角和"本文化"语言对本族群文化进行田野调查，撰写完成的民族志。③ 本土民族志与传统民族志的最大区别在于，传统民族志研究域外的"异文化"，而本土民族志研究的是"本文化"。相较于"异文化"，"本文化"应指民族志研究者自身成长氛围中的文化。

2.3　民族志的方法论

民族志的重要目标之一是描述特定人群的生活，该类人群的生活与其他人群存在显著区别。在民族志研究过程中，某些特定的角色或社会生活特征被抽取出来，但民族志的关键不在于分离出构成社会生活的角色、活动等的特征，而在于这些角色、活动是如何被整合进而形成了集体性生活。所以，在民族志研究过程中，细节和共性之间的平衡非常重要，二者之间是一个反复交替的过程。④ 细节是为整体描述服务的，民族志学者在研究过程中采用得最多的是一种整体论的视角，进而描述社会群体的整体图像，而不是描述社会生活的细节。

---

① 刘玉皑. 民族志导论 [M]. 北京：民族出版社，2018：230.
② 陈纪，南日. 自传式民族志的发展概况及其社会效用论析 [J]. 湖北民族学院学报（哲学社会科学版），2018，36（1）：37-42.
③ 刘玉皑. 民族志导论 [M]. 北京：民族出版社，2018：260.
④ 帕洛玛·盖伊·布拉斯科，胡安·瓦德尔. 人类学家如何写作：民族志阅读指南 [M]. 刘月，译. 上海：华东师范大学出版社，2023：59.

整体论视角秉持的是系统论观点，它认为社会、文化及宇宙等都是一个有机的整体，它们由部分构成，但不能通过将系统切割或分离为个别要素去理解整体，否则就有可能忽视个体之间的相互作用，无法描述系统、要素、结构、功能之间，以及要素与要素、要素与系统、系统与环境等方面的关系，不能完全理解系统的运行。所以，民族志研究的定位是尽可能全面且详细地描述一种文化或一个社会群体，包括其政治、经济、文化、生产过程及其周围的环境。尽管很难有一项民族志研究能够完全实现此目标，但仍然需要努力尝试去尽可能详细地描述人类群体的文化。

整体论视角对民族志研究提出了方法论的要求。第一，整体论要求在开展田野调查的过程中，研究者要超越简单事件的视野或暂时的文化图景，无论事件发生在何处，都要试图理解每个事件背后的发生逻辑及其与其他事件之间的相互关系。比如，在驻村调查农村礼金较高的现象时，不仅要关注礼金数额的大小，更要关注礼金数额与人情交往原则、经济发展、社会习俗等要素之间的关系，探究它的缘由。第二，整体论要求研究者在开展田野调查的过程中收集各种资料，以便从整体上把握某个社会或系统的整体画面。在调查江村的过程中，费孝通调查了江村的地理状况、经济背景、村庄、家庭、香火的延续、婚姻、教育、财产的继承、宗教和娱乐团体等方面的资料，描述了当时江南地区农民的消费、生产、分配和交易系统等情况，几乎覆盖了江村经济、社会的所有角落，并且用系统化的方法描述了各个系统之间的相互关系。第三，整体论思维要求研究者在叙事时采用全面的视角分析各个要素之间的关系，以社会是有秩序和功能主义的视角去描绘整体画卷。

2.4 民族志的研究过程

民族志研究者的目的就是通过深入的调查和分析，对研究对象做出诠释。研究者长期融入研究对象的生活之中，尽可能成为其中的一员，直接观察研究对象的生活，并尽可能详细地了解研究对象实际生活的各个方面，在总体把握的基础上，有重点地进行分析与解释。要全面了解研究对象的实际生活就要观察和了解其行为，因此，民族志主张研究者通过参与观察和深度访谈的方式，在一种比较自然的环境中，了解并描述某一文化或族群中人们的日常生活；民族志鼓励研究者走出沉闷的书斋，来到人类学的"田野"里呼吸清新的空气，深入场景进行实地调查，用自己的感官和心灵去感受与领会当地人民的观念和行动在其生活中的文化意蕴。[①] 围绕田野调查，民族志的研究过程主要包括以下环节。

1. 确定适宜的主题与选择田野

民族志主要用于探索和发现主题，而不是确定很多变量间的因果关系，主要适于讨论事情是如何发生的、事情发生的过程是什么样子的、活动是怎么组织的、个体或群体是如何理解他们日常生活的，所以可以用民族志探析组织成员对某些活动的理解过程，如个体是如何感知组织文化的、这些感知是怎么影响其行为的。此外，民族志适于研究"自然发生"的情境或事件，它们在那里，然后被人观察与理解，而不适于研究创造出来的生活或事件。在主题确定之后，民族志研究建议通过系统的资料收集和分析来提出问题，而问题决定了研究地点和调查对象的选择。民族志通常将研究地点称为"田野"，将资料收集的过程称为"田野调查"。民族志所指的"田野"是一个广义的概念，它可以是一个文化空间，也可以是一个制度情境，还可以是一个特定的组织，如学校、医院、公园、村庄等。

2. 进入田野

进入田野的方式有多种，但也是一个比较复杂的选择。有时我们可以通过某位中间人的介绍进入田野，很多时候这是一种比较好的选择。中间人可能是一个单位的领导、一个部落的首领或者是熟悉田野且与田野有大量联系的成员，他们在群体中有着相当高的信誉，被群体中的成员信任。中间人会在无形之中为田野工作者做担保，提供一些关键信息。在研究的初始阶段，中间人对民族志研究至关重要。如果被适当的人介绍，民族志

[①] 李一松. 民族志及其实验趣向[J]. 学术探索, 2000 (1): 90-93.

研究者将会受益于晕轮效应：不知不觉中，群体成员会认定研究者是个好人，只要研究者显示出他值得成员信赖，他就有可能获得高质量的资料，做出高质量的研究。① 费孝通进入江村是经他姐姐推荐的，他姐姐在江村从事蚕桑生产，在当地具有较高的声誉，有诸多良好的关系，村民和村主任比较信任他们，都很支持费孝通的调查，为他提供了多种材料，所以费孝通进入江村并进行访谈就比较容易。不过，在很多情况下，研究者很难找到合适的中间人，此时只有顺应身边可供利用的资源，可以考虑在没有他人协助的情况下进入调查地点，可以随意地走进一家邻近的商店、到学校当义工或者在社区中扮演其他任何没有威胁性的角色。② 在田野调查的过程中，研究者在特定的情境下与研究对象建立信任和友善关系的能力特别重要。如马林诺夫斯基为了与当地人建立比较友善的关系，在小岛上学会了当地的语言，长期与当地人生活在一起。

3. 参与观察与访谈

参与观察是大多数民族志研究所采用的方法。参与观察要求研究者参与到研究对象的生活中，但又与其保持适当的距离，以便观察和记录资料。在田野调查过程的早期阶段，研究者需要有目的地、自觉地利用眼睛观察周围的环境。在此过程中，研究者可以采用多种观察方法。根据介入的程度，可以将田野工作者分为四种类型：① 完全观察者，即研究者脱离情境或者几乎没有表现出参与和抓住机会的强烈意愿。② 作为参与者的观察者，即研究者在情境中被确认与情境相关，但很明显只是作为一个研究者。在这里，研究者仍然处于行动和事件的外围，参与的程度有限。③ 作为观察者的参与者，即研究者在情境中工作，积极参与创造机会的活动和互动。在这里，研究者的角色定位于参与者和观察者之间，在保持研究者地位的同时成为情境的组成部分。④ 完全参与者，即研究者成为或本身就是情境的正式成员，并充分参与日常生活；研究者的角色可能与

---

① 大卫·费特曼. 民族志：步步深入 [M]. 龚建华, 译. 重庆：重庆大学出版社, 2007: 27.

② 大卫·费特曼. 民族志：步步深入 [M]. 龚建华, 译. 重庆：重庆大学出版社, 2007: 27.

参与者的角色无法区分。①

在民族志研究过程中，非结构化的访谈也经常被使用，它是研究者最重要的资料收集技巧之一。民族志的访谈应当有重点和目的，在此过程中要保持适当的灵活性。在访谈过程中，研究者要尽可能问开放式的问题，鼓励被访谈者进行翔实的描述和叙述，也可以用特定的话题引导其对某些问题的理解。在访谈过程中，研究者不一定要主导会话，但也不能完全被动，应当遵守适当的礼仪，例如，尽可能保持目光交流，充分运用肢体语言，如微笑、点头，保持积极地倾听。在访谈过程中，研究者要学会记录，做好田野笔记。田野笔记往往包括以下几个方面的内容：① 访谈情境的详细描述；② 情境中人群的描述；③ 行动和事件的时间表，可以用关键事件访谈法，从何时、何地、何人、何种行为和产生了何种效果等方面进行记录；④ 在记录过程中，要聚焦于可观察的事物，而不是研究者内心的感受；⑤ 访谈、会话的其他细节问题；等等。

4. 收集、记录与检验资料

民族志田野工作通过参与观察和深度访谈等方法来收集有关调查对象社会文化各方面的资料。结合当前民族志研究，民族志收集的资料主要包括田野笔记和图形。随着技术的进步，影像技术在民族志田野工作中展现出独特优势，逐渐成为民族志记录和研究工作的重要手段，其与文字记录互为补充，生成的影像成为民族志的珍贵资料和可靠证据。②

只有通过长期、深入的田野工作，民族志研究者才能逐步深入研究对象的社会文化中，获取有较高真实度和准确度的田野资料。在这过程中，民族志研究者通常运用多方检测的技巧来验证所获资料的质量。它是民族志研究正确性的关键所在——检验信息的真实性和可靠性。通常，民族志研究者通过对比不同来源的信息来检验信息和信息分享者的品质；另一个附加的作用是，多方检测还可以帮助研究者理解研究对象在其社会中所扮演的角色，从而实现对整个形势的把握。③

---

① 阿曼达·科菲. 人群志［M］. 巴战龙, 译. 上海：格致出版社，上海人民出版社，2023：3.
② 刘玉皑. 民族志导论［M］. 北京：民族出版社，2018：174-177.
③ 刘玉皑. 民族志导论［M］. 北京：民族出版社，2018：180-181.

5. 写作民族志文本

民族志文本的类型主要有田野报告与民族志论文两种。民族志文本中必不可缺的三大部分是马氏"三条必由之路"①②：① 以具体的统计性资料记录部落组织及其文化构成，并列出大纲；② 参与观察并记录研究对象的生活；③ 汇集研究对象的陈述、叙事等方面的语言材料和风俗仪式，呈现研究对象的精神世界。在民族志写作过程中要注重分析与理论化，形成实质化或形式化的理论。民族志的最后文本可能包括标题、摘要、引言、文献回顾、方法回顾、研究发现或结果、结论、参考文献等内容。民族志写作必须在熟悉与陌生之间保持平衡。熟悉是指研究者要对研究展示的内容有着深入的理解，陌生是指要尽可能使不熟悉研究对象的读者能够了解研究成果的内容。因此，民族志写作既要能够翔实展现研究对象和事件的独特性，又要以读者能够理解的方式讲解。

2.5 民族志研究的伦理准则

民族志研究者需要长期浸没于其他文化群体中，参与他们的生活，观察他们的行为，剖析研究对象对某些事情的内在理解。研究者在研究过程中要遵守一些职业道德，避免文化或价值观的冲突，保证研究的客观性，保护研究对象的利益。民族志研究的伦理准则与美国人类学学会的"职业责任道德"紧密相关（"AAA 伦理准则"）。结合"AAA 伦理准则"的具体要求和民族志的工作特点，民族志研究者在研究工作中应当遵守以下伦理准则。③

---

① 布罗尼斯拉夫·马林诺夫斯基. 西太平洋上的航海者 [M]. 弓秀英, 译. 北京：商务印书馆, 2016: 8.

② 张连海. 论现实民族志方法的源起：以马林诺夫斯基的三次民族志实践为例 [J]. 中央民族大学学报（哲学社会科学版）, 2014, 41 (2): 71-79.

③ 刘玉皓. 民族志导论 [M]. 北京：民族出版社, 2018: 120-124.

1. 对研究对象的责任

(1) 避免伤害

在早期的民族志研究中，由于殖民者往往以一种高高在上的姿态将一些生活习惯带入当地人的生活之中，戴着有色眼镜看待当地人的生活，在研究过程中有意无意地干扰研究对象的正常生活，给研究对象带来了伤害。在开展民族志研究的过程中，研究者要尽可能避免此类事件的发生，维护研究对象的尊严和隐私。

(2) 获得知情同意权

隐匿式的民族志研究不被提倡，民族志研究者进入田野之前，可能出于收集材料方便或研究顺利的目的，对民族志研究的目的和过程做出某种程度的隐瞒。例如，在研究过程中，研究者可能隐瞒其身份；在收集资料的过程中不告知研究目的；暗地里收集资料；某些资料可能没有经过研究对象的同意就被引用到民族志文本中，并被社会成员阅读，从而泄露了某些人的隐私或信息。这些做法是不可取的。民族志研究者应当明确告知研究的目的、内容，以便研究对象在保证自己的利益不受损害的前提下判断是否向研究者提供相关信息。

2. 对学术和公众的责任

(1) 诚实地对待研究

民族志研究者不能在其作品中虚构某些信息，应当用白描的方式真实反映现实中的"在那里"，尽可能用客观的语言叙述事实，不能抄袭、拼凑或伪造资料。

(2) 保护好研究资料

一般情况下，研究者对研究资料和研究成果拥有所有权，他们应当就研究资料的保存和保护与研究对象进行协商，包括他人是否可以接触资料、研究资料如何保存及保存多长时间等。

3. 公布研究成果

民族志研究者在发表研究成果时，应当对研究过程做一个详细的说明，证明研究的信度和效度，以便读者能够对民族志研究的文本做出客观的评价。

4. 不妨碍其他学者的研究

民族志研究者不能妨碍其他学者的学术努力，他们有责任劝阻同行开展道德存疑的项目。此外，民族志研究者需要平衡研究者、研究对象、资助者及其他群体之间的利益，应当与各利益相关者进行充分协商，共同制定一个合乎伦理道德的解决方法。

第3章 田野调查法

3.1 田野调查法的内涵

关于田野调查,至今没有一个确切的已达成共识的定义,在不同学科领域从不同视角对这一研究方法进行解读都有差异,但学者们达成共识的是这一方法是质性或定性研究的方法之一,以及它是实践层面的方法。有学者认为从广义上讲,参与观察、实地研究与田野研究是一回事,都是要求研究者在实地生活较长的时间,参与当地社会生活,并在此基础上进行相关的参与观察。观察是指研究者要仔细看(采录实景),访谈是指研究者要认真听(深度访谈),参与是指研究者要努力做(亲身体验),"看、听、做"全都做到了,才是非常投入的实践活动。①

当代田野调查正在或已经渗透到不同的学科领域中,除了人类学、社会学外,还有政治学、图书情报学、文学、管理学、历史学等,如图 3-1 所示。所以,从方法论的角度对田野调查进行解读适用性较为广泛。田野调查也称"实地调查""田野研究",是来自文化人类学、考古学的一种研究方法,是研究人员亲自进入某个或多个研究对象所在的社会的实地场景中,在较长一段时间内通过参与观察、居住体验、访谈等多种方法去理

---

① 王子舟. 田野调查:人类学方法在图书馆学中的应用[J]. 中国图书馆学报,2014,40(6):12-21.

解当地社会现象以获得第一手资料的研究方法。田野调查的核心在于进入完整的生活世界，观察研究对象的意义世界，从而构建更加深入的现象解释。

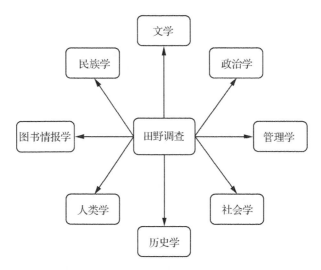

图 3-1　田野调查应用学科图

3.2　田野调查的起源和发展

"田野调查"作为一个学术用语首先被博物学家使用，动物学、生物学、地质学等当时已经广泛进行"野外作业"，后来英国人哈登（Harden）将"田野"概念引入人类学领域，德裔美国人类学家博厄斯最先真正将实地调查方法应用到人文研究的人类学中，他从1886年开始便经常到美国西北海岸的印第安部落实地调查，其主要研究兴趣是当地人的语言文本及他们的历史现状。

在社会学领域真正开创长时期实地调查传统的是人类学家马林诺夫斯基，他于1914—1915年和1917—1918年在新几内亚岛和特罗布里恩群岛上进行了长期艰苦的实地工作。通过与当地人一起生活，他在当地人的村子里"安营扎寨"，参与到他们的日常生活之中，真正了解他们的所思所想。他深切地感受到自己所属的白人群体对土著的偏见影响了之前的学术判断和研究,需要贴近当地人才能了解真实情况。他亲身经历了"在这里"、"到过那里"和"回到家里"的三阶段过程,对当地人的制度风俗、行为规范及思维方式进行了比较整体的、处于文化情境之中的研究。博厄斯和马林诺夫斯基的实地调查方法极大地影响了西方后来的人类学家,他们各自在非洲、太平洋岛国、美国本土及世界上其他地区就自己感兴趣的问题进行了长期的实地研究,为田野调查的进一步发展做出了重要的贡献。①

实地研究还可以追溯到西方社会学领域。在工业革命之后的欧洲,为了解特定社区或社会阶层的生存状况,政府和研究机构强调去"实地"贴近被调查者的生存状况,其中,以布思(Booth)在伦敦对工人阶级社区贫困、越轨情况的调查为典型代表。在19世纪末和20世纪初西方国家的社会改革运动中,一些西方国家的社会学家非常重视对城市里的劳动人民进行细致的研究。比如,美国的杜波伊斯(DuBois)对费城的黑人社区进行了研究,形成了著作《费城的黑人》。以深入描述地方社会状况为主的"实地调查"愈加兴起,它强调对特定的社区进行深入而整体式的研究。

现代田野调查在中国起源于外国学者在中国开展的相关社会调查。在20世纪50—60年代,康奈尔大学的人类学家施坚雅(Skinner)的代表作《中国农村的市场和社会结构》的资料就来源于1949年前其在中国四川进行的田野调查。当时受到西方学者及华人学者的思想影响,从事当代中国研究的中国学者们已经开始重视并正在实施着探索性的田野研究。② 其中,最有代表性的便是费孝通在其导师马林诺夫斯基的指导下完成的著作《江村经济》,该书被誉为人类学实地调查和理论工作发展中的一个里程碑,成为国际人类学界的经典之作。

---

① 陈向明. 质的研究方法与社会科学研究 [M]. 北京:教育科学出版社,2000:26-27.
② 郑欣. 田野调查与现场进入:当代中国研究实证方法探讨 [J]. 南京大学学报(哲学·人文科学·社会科学版),2003(3):52-61.

3.3 田野调查的过程

田野调查的过程一般分为准备阶段、开始阶段、调查阶段、资料整理和编码阶段、撤离现场和交流成果阶段,具体如图3-2所示。

准备阶段是指确定研究主题、研究对象和研究地点,并对现场情况进行一个大致的了解,考虑进入田野的条件(包括便利性、研究对象的可接触性、研究者自身的兴趣和能力等方面)是否充足,熟悉当地各种情况(人口、历史、地理、习俗等),收集有关的文献资料。

开始阶段一般是指成功进入田野现场,进一步实地了解现场情况,并与现场的人建立良好关系。最理想的状态是建立一种信任和合作的关系,这对于顺利进入"局内人"的日常生活、获得丰富准确的资料非常重要。

调查阶段就是通过各种田野调查方法对研究对象进行调查和观察,并做好田野笔记,为后面的资料整理和编码做好准备。在这一过程中,研究者也要注意维持好与当地人所建立的友好关系,为获取更加深层次的资料做好准备。

之后便是资料的整理和编码,形成系统的分析材料。

撤离现场阶段是一个逐渐把研究者从现场的情境中抽离出来的过程。达到研究目的后,研究者便可撤出田野现场。

交流成果阶段是研究者组织大家研讨的过程,包括交流观点、分享发现、发表论文等。

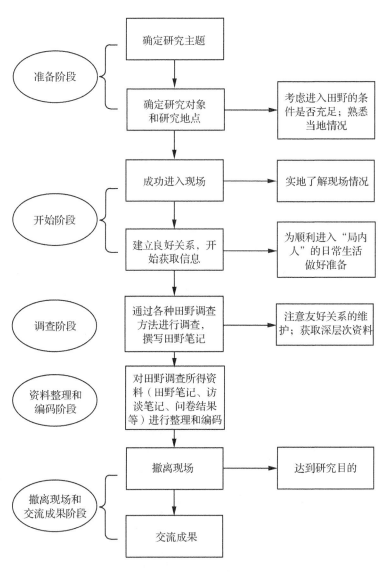

图 3-2　田野调查过程图

3.4 何处是田野?——田野调查的方位

在田野调查的初期,田野调查的地点往往以原始村落、原住民聚集地为主。长久以来,"田野"一词带有强烈的地域色彩,田野调查的对象在"自然环境"中,而研究者则身处这个环境中进行相关研究。[①] 在人类学发展的早期,这种"远离"意味着要离开欧洲人所熟悉的社会和文化而到美洲新大陆去或是到非洲、亚洲的殖民地去。直到如今,"田野"仍然被看作一个远离城市的地方,而所谓"下田野",就是指到农村、草原、边疆等较为偏远或基层的地方去。

田野调查发展100余年来,田野作为调查地点的边界被不断改变和拓展,最初是异乡,后来又回到较为熟悉的复杂文明社会,且不仅研究那些边缘性的少数群体,也研究主流群体或大众现象。"田野"的含义确实已经不仅仅是异乡或乡村了,田野调查正在走出"乡村田野"。中国的田野调查在发展过程中也存在着明显的对偏远或基层田野调查地点的偏好,即认为陌生社会比熟悉社会更具有田野调查的价值。对此,费孝通曾指出,人文世界,无处不是田野。今天在对田野调查的学科认知中,"田野"已经不仅仅是一个空间或地理上的概念,不再是一个"地点",而是一种方位,既有空间的维度,也有时间和历史的维度。[②] 田野调查可以在异乡和乡村开展,也可以在家乡和都市进行;可以在地理意义上的田野地点中调查,也可以在历史和社会情境中开展对事件、文本、机构的分析。

---

① 黄剑波. 何处是田野?: 人类学田野工作的若干反思 [J]. 广西民族研究, 2007 (3): 66 – 71.

② 黄剑波. 何处是田野?: 人类学田野工作的若干反思 [J]. 广西民族研究, 2007 (3): 66 – 71.

3.5 进入田野的方式

田野调查的基本特征是强调"实地",即研究者一定要深入研究对象的社会生活环境,且要在其中生活相当长一段时间,靠观察、询问和调查等方法去理解所研究的现象。对于当代中国研究中的田野调查来说,第一个大问题是如何"入场"。而如何进入现场及能否顺利进入现场,往往决定着田野调查的成功与否,甚至还会影响研究的科学性及最终的研究质量。可以说,获准进入在实地研究中具有重要意义,它是实地研究中十分关键的一个环节。研究者主要有以下几种方式进入现场。

对于调查者来说,当地居民的疑虑会使陌生调查者的研究难以开展。正式的"入场"方式只有通过官方的许可与支持,自上而下地逐级深入。[①] 这一方式的优点是研究者身份能够得到地方管理者的认可,不会遇到体制障碍,容易和社会接触。但也有缺陷,就是研究对象有可能会因其官方身份而有所防备,进行表达的筛选、掩饰甚至撒谎等,从而影响研究结果的真实性。

通过熟人关系进入可以看作不太正式的"入场"方式。由于中国特定的社会结构和社会调查环境,经过论证,通过熟人关系进入现场比较顺利与有效,已经被众多田野调查者特别是中国本土学者采用。譬如,学者曹锦清的《黄河边的中国》就是其借用朋友们所提供的亲友关系而直达村落和农舍,历时几年在黄河边上走村串户,与各色人等促膝谈心的田野调查报告。但这一方式可能会遇到体制障碍,导致部分研究对象不信任。其优点是通过熟人介绍能够获得社会信任,建立亲密关系,更容易进入研究对象的社会生活世界。

在有些情况下,当研究课题较为敏感,或者研究者预料如果自己表明来意肯定会遭到研究对象拒绝的时候,研究者往往只能采用隐蔽进入的方

---

① 郑欣. 田野调查与现场进入:当代中国研究实证方法探讨[J]. 南京大学学报(哲学·人文科学·社会科学版),2003(3):52-61.

式。研究者通过扮演某个参与角色,在不暴露身份的前提下较为隐蔽地进行调查研究。最有代表性的便是学者黄盈盈等著的《我在现场:性社会学田野调查笔记》,书中记述了他们正是通过这种方式进行研究的。

隐蔽式研究使研究者避免了协商进入现场的困难,并且研究者有较多的个人自由,有更大的发挥空间,可以随时进出现场,也能根据实际情况决定研究进度和内容。但是,这种隐蔽的方式也有一定的弊端。由于研究者成了一个"完全的参与者",他不可能像在公开型研究中那样广泛地接触研究对象,只能在自己的角色范围内与人交往。此外,撒谎会给研究者带来一定的道德不安,而且他需要时刻注意隐藏自己的真实身份。如果真相不慎败露,不仅会使研究者处于十分尴尬的境地,而且会使研究对象感到遭受了侮辱,已经建立起来的良好关系可能会毁于一旦,进而影响研究工作的顺利开展。此外,这一种方式还可能面临隐私、身份等研究伦理问题。

3.6 从"入场"到"在场"——"沟通田野"

很多时候即使田野工作者进入了现场,研究对象也可能会不配合、不交流、不信任,从而使得田野调查陷入困境。所以,仅仅进入现场对于田野调查来说是远远不够的,还要实现"在场"。进入田野场域即为"入场",但在田野调查中只有融入当地社会、结识当地人、了解当地传统、联系并开展实践活动、逐步深入研究对象的内心、获取研究对象的信任,方为研究者成功"在场",从而实现从"入场"到"在场"的跨越,研究者才可以顺利融入田野、理解田野,推动田野调查的开展。

在田野调查中,研究者需要充分理解角色沟通、信任沟通、价值沟通,这三种沟通刚好可以对应田野调查的前、中、后期。[①] 角色沟通主要是在研究前期,基于研究者"入场"的身份,尽量贴近、内化和认同这一

---

① 郑欣,孙天梦. 可沟通田野:质性研究方法中的入场与在场:基于一个留守儿童研究课题组的实践考察[J]. 湖南大学学报(社会科学版),2022,36(6):151-158.

身份，以角色去和相关人员进行沟通，能大大降低被拒绝和被忽视的概率，从而获取初步沟通的机会。信任沟通是研究者采取行动与研究对象"打成一片"，譬如树立正面形象、建立有吸引力的资源等，从而拉近与研究对象的距离，建立信任和"同盟"关系，消除心理隔阂。价值沟通更多的是田野调查后期的一种情感交换，研究者充分融入现场之后，产生与当地人相似的价值偏好，完全站在"局内人"的角度考虑当地的利益，譬如研究者后期希望更多地为当地持续创造利益或价值。

3.7 田野调查的具体方式

1．观察法

观察法可以分为参与型观察和非参与型观察两种形式。非参与型观察是研究者作为旁观者了解事情的发展动态，不进入研究对象的日常生活，不融入其中的一种观察法。它需要研究者与研究对象保持一定的距离，客观地观察研究对象的所作所为。但这种方法局限性较大，研究对象在被观察的过程中，往往会受到"研究效应"或"社会期望"的影响，不能真实和深入地了解其状况和社会活动，并且研究对象对研究者的戒备心较强，很多时候不愿意透露更多隐蔽的消息。所以，这种方法一般较少在田野调查中使用，多运用于研究开始阶段。

田野调查者更多地使用另一种观察方法——参与型观察，这也是田野调查中最基本的方法之一。参与型观察是研究者参与研究对象的日常生活，与研究对象一起生活和工作，变成所研究群体的一员的研究方法，在密切接触和直接体验中倾听与观察研究对象的言行，并以成员的眼光来了解被研究的社会群体。研究者从"局外人"转变为站在研究对象立场上的"局内人"，通过参与当地人的生活和各种活动，可以收集到通过其他途径无法获得的资料。参与型观察简便、易行、灵活性大，研究者能根据实际情况灵活选择是否继续深入调查。因此，参与型观察对于提高田野工作中所收集资料的质量及加深研究者对研究对象的理解具有重要的作用。但参与型观察也有不足之处：一是容易受研究者的主观影响，但观点和立场不同时，观察同一对象的感觉也会有差异；二是容易受到研究者当时的兴趣、情绪、心情等的影响。

2. 访谈法

访谈法也是人类学田野调查最基本的方法之一，是以交谈方式收集资料的一种方法，是调查者与被调查对象直接交谈而收集语言资料的方法，属于口头交流式的调查方法。① 访谈法适合调查、研究较为复杂的问题，或者对问题进行较深入的探索。访谈又分为正式访谈和非正式访谈两大类。正式访谈通常是在研究者提前策划和设计下，系统地、有针对性地通过访谈收集信息与资料；非正式访谈是研究者通过非正式谈话和闲聊获取信息与资料。有时在非正式访谈的轻松气氛下，研究者采取无拘无束的拉家常形式，往往可以得到一些研究对象在公共场合不宜言表的较为隐晦的信息。同时，非正式访谈由于其内容的偶然性和随意性，常常可以得到许多意想不到的收获。但与正式访谈相比，非正式访谈对访谈者的要求较高，访谈耗费的时间较多，访谈者与被访谈者之间的社会互动对访谈结果的影响更为显著。

3. 问卷法

问卷法主要是通过问卷系统地、直接地从某一研究群体中收集资料和相关信息，由研究对象来填写问卷，并通过对问卷结果的分析来认识研究对象，达到研究目的。在田野调查中，问卷法通常被用作补充方法，它有利于节省调查的时间、经费和人力，具有较高的效率，同时还具有较好的匿名性，有利于减轻被调查者的心理压力，从而收集到更加真实的社会信息。

4. 谱牒分析法

谱牒分析法是指收集家谱并编辑成谱系表以确定亲属制度形式及其结构性质的研究方法。对被调查者的家谱、族谱和亲属制度的调查分析，对

---

① 李月英. 田野调查：文化人类学的主要研究方法 [J]. 今日民族，2007 (9)：45 - 49.

于调查家族制度、婚姻制度及民族迁徙等都有价值。谱系调查由现今一家一户的姓氏和名称、亲属称谓、直系和旁系的姻亲关系为出发点,一代一代地上溯到没有记忆为止,这是田野工作中解开人群分类的第一件事。

5. 自传调查法

自传调查法是指研究者通过对被调查者进行深度访谈,将被调查者个人全部或部分的生活以口语或书面语的形式表现出来的回顾式叙述方法。这种方法以个人为对象,全面记录其生平经历,不仅可以反映出一个人的全部历史,而且可以反映出其家族史、行业史及民族史的某一侧面。因此,研究者能够进一步通过个人互动关系来认识社会机制和本质。

6. 文物文献资料收集法

文物及相关文献是反映当地物质文化、精神文化、制度文化的实物资料。它们从不同侧面反映了当地社会发展、社会生产和社会生活的变迁,是研究社会历史,特别是研究少数民族社会历史的实物资料。

3.8 田野笔记的撰写

田野笔记是田野调查中极其重要的一部分,是后期形成相关文献资料的重要参考,研究者必须学会以书面形式呈现自己的所见所闻和自己的理解。

1. 田野现场记笔记——速记

如果在田野现场,可以进行速记。研究者需要以最快的速度完成对重要内容的简记。速记不是简单的总结,而是找到事件、信息或现象中的核心内容,简要记述,然后到夜晚的时候详细补充和增添。速记不仅仅是一个简单的撰写过程,它还同时涉及脑力的思考,研究者需要知道哪些内容是值得速记的及应该以何种方式进行记录,从而使速记下来的细节清晰易懂，最终被轻易地还原成鲜活的描写。[①]

第一，田野工作者应该记录自己观察到的场景或互动中最为关键的细节。田野工作者在第一时间记录下言语和行为的片段，并在日后以此为基点调动记忆，以尽可能详细的文字描述还原出所发生的事件。第二，田野工作者应该尽量避免以归纳概括的方式来描述人们所做的事情。许多新手在刚开始开展田野工作的时候总是倾向于使用印象化的、主观性的词句，这些词句或许有助于写出一些带有评价性的总结，然而对形成细节丰富又充满质感的描述帮助不大。第三，田野工作者应该记下自己所感知到的言语和行为的具体细节。田野工作者对日常生活的点点滴滴所做的笔记应该间接反映出而不是直接告诉读者当地人的所作所为。第四，田野工作者应该记下那些很容易被遗忘但很关键的细节。速记的目的在于为田野工作者日后将观察到的场景和活动写成更加充实而丰富的田野笔记提供回忆的线索。既然速记的目的在于帮助回忆，每个田野工作者就都应该学会判断自己可以用大脑记住哪些细节，并用速记的方式记录下那些容易遗忘的细节。第五，田野工作者在速记时最好写下某些总体印象和感受，即使当时并不清楚它们的意义。在某些情况下，田野工作者可能只是从直觉上隐约感觉到某件事情是重要的，而并不清楚地知道这件事情重要在哪里及为什么重要。这些感觉是一种关键的信号，提示田野工作者将来可以将一系列貌似不相干的事件组织成一幅有意义的画卷。[②]

2. 完整撰写田野笔记

（1）准备工作

首先，必须有一个较好的写作环境，注意田野观察和田野笔记写作时间的合理分配。时间的合理分配对于完整的田野记录和持续的田野调查有着十分重要的意义。其次，尽量在当天完成"今日田野调查"的笔记撰写工作。随着时间的流逝，田野调查的丰富细节往往容易被遗忘，所以为了尽可能完整地呈现调查的经历和信息，应养成今日事今日毕的意识。

[①] 罗伯特·埃默森，雷切尔·弗雷兹，琳达·肖. 如何做田野笔记 [M]. 符裕，何珉，译. 上海：上海译文出版社，2012：45.

[②] 罗伯特·埃默森，雷切尔·弗雷兹，琳达·肖. 如何做田野笔记 [M]. 符裕，何珉，译. 上海：上海译文出版社，2012：46-51.

(2) 撰写工作

① 回忆。这要求研究者在撰写田野笔记时尽可能地回忆一天中所发生的事件和信息,既可以按照一天的时间顺序去回忆,也可以按照事件的深刻程度去回忆。② 从速记出发。根据前面速记的信息对田野笔记进行更加细致的补充或描述,这是对重要信息或事件加以细致描述的重要一环。③ 注重对细节和场景的呈现。细节是田野笔记十分重要的构成部分,研究者往往不可能准确地把自己记得的事情都写下来,因而会缺乏足够的细节,使得田野笔记往往会不够生动和厚实。所以,研究者需要采用描写——一种运用具体的、可感知的细节进行描述的方法,这些细节来自研究者观察到的基本场景、背景、物品、人物和运动等,包括但不限于人物的外表、动作、表情、神态、对话,以及地点、环境、事物等。

3. 处理田野笔记——编码和备忘

在撰写完田野笔记之后,研究者要对材料进行认真、集中和全面的分析,系统地筛查记录,寻找叙事的线索,进而形成故事,以描述所观察到的社会生活场景。在这一步,研究者可以把仔细阅读笔记和分析性编码结合起来。编码就是将具体的田野笔记进行分析和归类。分析性编码可以分为两个阶段。在开放式编码阶段,研究者可以逐字逐句地阅读田野笔记以思考和形成一切可能的想法和主题,而不去考虑这些想法和主题之间的差异。在集中性编码阶段,研究者就会确定某个感兴趣的话题,并在此基础上对田野笔记进行逐字逐句的细致分析。研究者在此阶段动用的想法和概念只是所有想法和概念中特别有价值的一小部分,以此作为最终田野记录的重要议题和主旨。①

备忘是研究者记录下来的在对田野笔记进行阅读和整理过程中形成的想法,防止被"淹没"在田野笔记大量的想法、联系和场景中。这些想法、议题或线索反映了研究者从阅读田野笔记得出的关注点,也是研究者通过重新回到田野笔记所描写的场景和事件中而获得的。

---

① 罗伯特·埃默森,雷切尔·弗雷兹,琳达·肖. 如何做田野笔记[M]. 符裕,何珉,译. 上海:上海译文出版社,2012:203-226.

3.9　田野调查的基本原则

在田野调查过程中，研究者要坚持客观性、科学性、系统性和尊重等原则。①

客观性，即客观实在性，指事物的客观存在。客观性包括真实性和可靠性两个方面。真实性要求调查资料必须与实际状况相一致；可靠性要求田野调查需要以客观事实为依据，不为主观意志所左右。同时，研究者在田野调查过程中要尽量克服主观主义，做到内容真实、数字准确和资料可靠，杜绝为达到某种目的而捏造、伪造或弄虚作假。

科学性是指田野调查的结论所依据的事实必须是可靠的、真实的、有依据的，是在一系列田野调查和深入分析后得出的，具有严谨的论证逻辑，并且对以后的学术研究有一定的参考价值和理论意义。同时，田野调查的结论还要具有普遍性，不能是个别的或偶然的，杜绝以偏概全的错误结论。

系统性是指任何一种社会和文化现象，都是由具有特定功能的、相互之间具有有机联系的许多元素构成的系统。在田野调查中，研究对象和内容也是由许多元素构成的系统，譬如文化习俗、地理位置、自然资源等。任何一种元素的变化都会影响系统的功能，甚至其他元素。所以，这要求研究者在研究过程中留意影响整个系统的各个要素及其内部结构，不能仅仅着眼于现象本身或对象本身，还要考虑其整体性和功能，并将外部环境也纳入研究框架之中。

尊重调查对象，尊重当地人的文化和习俗，也是田野调查的重要原则。尊重调查对象，是田野调查者的职业道德，主要包含尊重当地人的礼仪、习俗、禁忌和宗教信仰等，不做不利于调查对象的事情，注意保护其隐私。

---

① 何星亮，杜娟. 文化人类学田野调查的特点、原则与类型 [J]. 云南民族大学学报（哲学社会科学版），2014，31（4）：18-25.

第 4 章 访 谈 法

本章着重探讨质性研究中一种非常重要的资料收集方法——访谈法,探讨的内容包括访谈的内涵、类型、过程等。

4.1 访谈的内涵

一般而言,访谈是指研究者通过与研究对象进行交谈的方式来收集对方有关心理特征和行为数据等第一手资料的一种研究方法。[1] 这句话包括两层含义:① 访谈与日常谈话是有区别的,它是一种研究性交谈,有特定的目标和形式。在访谈与日常谈话中,交谈双方的地位和权力也很不一样,访谈这一形式本身使研究者有权力控制双方交谈的方式,包括交谈的内容、谈话的风格及信息的类型和容量。② 访谈是一种言语事件,不是一方客观地向另一方了解情况的过程,而是交谈双方相互作用,共同构建事实和行为的过程,交谈双方实际上是在共同营造访谈的氛围和话语情境。[2]

访谈的主要特点是具有目的性与规范性、交互性与灵活性。在科学研究中,研究者可以通过访谈从特定研究对象那里获取相关信息。

访谈具有以下功能:① 帮助访谈者与受访者建立人际关系,使双方

---

[1] 陈向明. 质的研究方法与社会科学研究 [M]. 北京:教育科学出版社,2000:165.
[2] 陈向明. 质的研究方法与社会科学研究 [M]. 北京:教育科学出版社,2000:167-169.

建立起基本的信任和一定的感情基础；② 了解受访者的思想、观点、态度、情感、行为准则等；③ 了解受访者的过往生活和他们耳闻目睹的相关事件，理解这些事件对他们的意义；④ 获得一个关于研究现象的比较广阔的、整体性的视野，从多重角度描述事件的发展历程。

与其他研究方法相比，访谈可以灵活掌握调查的形式和时间，在较短的时间内获取相关信息和材料。此外，通过不同类型的访谈，可以获取定性研究材料和新的调查线索。访谈还可以对通过其他研究方法获得的研究结果起到检验的作用。在访谈中，访谈者可以对研究对象在观察中的行为、在问卷中的选择等方面进行深入细致的询问。当受访者在访谈中的反应与他们在观察中的行为不符，或者与他们在问卷中选择的观点不一致时，访谈者可以追问产生这种情况的原因，同时也可以再回到研究实地对对方进行观察。通过不同研究方法的反复检验后，研究结果可能逐渐趋于一致。因此，访谈需要与其他调查方法配合使用。

4.2　访谈的类型

访谈法可以根据不同的分类标准划分为不同的类型。一般的分类标准有访谈结构、访谈正式程度、访谈接触方式、受访者人数、访谈次数等。表4-1梳理和总结了访谈的类型及其对应的基本特点。

根据访谈结构，访谈可以分成封闭型访谈、开放型访谈和半开放型访谈。这三种类型也分别称为"结构型访谈""无结构型访谈""半结构型访谈"。在封闭型访谈中，访谈者根据预先制定的、有一定结构的统一问卷进行访谈，引导采访的走向和过程。这种访谈对选择访谈对象的标准和方法、提出的问题、提问的顺序都设定了标准。封闭型访谈的优势在于访谈结果便于统计分析。但是，这类访谈缺乏灵活性，访谈者难以根据实际情况采用更适当的方式进行访谈。与此相反，开放型访谈只按照一个粗线条式的访谈提纲进行访谈，访谈者可以根据实际情况灵活地做出必要的调整。这类访谈的目的是了解受访者认为重要的问题及其对某个事件的理解。开放型访谈有利于充分调动访谈者和受访者的主动性、创造性，并能更好地适应不同访谈对象的具体情况。在半开放型访谈中，访谈者在一定程度上控制访谈的结构，但同时也主张受访者积极参与。访谈者事先准备的访谈提纲更多地起提示作用，访谈者在提问的同时鼓励受访者提出自己的问题。访谈者也会根据访谈的实际情况灵活地改变采访的程序和内容。

表 4-1 访谈的类型及其对应的基本特点

分类标准	类型	基本特点
访谈结构	封闭型访谈	对选择访谈对象的标准和方法、提出的问题、提问的顺序都设定了标准
	开放型访谈	按照粗线条式的访谈提纲进行访谈
	半开放型访谈	事先准备简明的访谈提纲，但是访谈大纲更多地起提示作用，访谈者在提问的同时鼓励受访者提出自己的问题
访谈正式程度	正规型访谈	访谈者与受访者在预先商定的时间、地点后，就某一特定问题进行正式交谈
	非正规型访谈	访谈者参与受访者的日常生活，并与其进行交谈
访谈接触方式	直接访谈	访谈者能够亲自观察受访者的有关特征及其在访谈过程中的表情、动作等许多非语言信息
	间接访谈	能够克服由地理距离和时间缺乏造成的困难
受访者人数	个别访谈	访谈者与受访者能够进行深度沟通
	集体访谈	激发讨论，获得更多样、更全面的信息
访谈次数	一次性访谈	以收集事实性信息为主
	多次性访谈	用于追踪调查或深入探究某些问题

根据访谈正式程度，访谈可以分为正规型访谈和非正规型访谈。前者指访谈者与受访者在预先商定的时间、地点后，就某一特定问题进行正式交谈；后者指访谈者参与受访者的日常生活，并与其进行交谈。在质性研究中，二者都可以使用，有时结合使用效果更好。

根据访谈者与受访者接触的方式，访谈还可以分为直接访谈和间接访谈。直接访谈又称"面对面访谈"；间接访谈是指访谈者通过电话等中介物与受访者进行非面对面的交谈。直接访谈最大的优势在于，访谈者能亲自观察受访者的有关特征及其在访谈过程中的表情、动作等许多非言语信息，更准确地判断访谈结果的真实性。间接访谈目前最主要的形式是电话访谈。这种形式能够克服由地理距离和时间缺乏造成的困难。此外，当受访者想要保护个人隐私不愿露面时，这样的访谈形式会使受访者感觉更安全。但是，在电话访谈中，访谈者难以与受访者深入探讨有关问题，更无法直接观察受访者，这会阻碍其分析受访者真实的态度和情感。

根据受访者人数，访谈可以分为个别访谈和集体访谈。个别访谈通常只有一名访谈者和一名受访者，两人就有关问题进行交谈。这种访谈形式使访谈者与受访者能够进行深度沟通，并且由于只有访谈者一人在倾听，在对访谈者信任的情况下，受访者更容易敞开心扉。正因为如此，个别访谈在个案研究及一些敏感问题研究中发挥了重要作用。在集体访谈中，一名或多名访谈者同时对一组访谈对象进行访谈。一组访谈对象以 10~15 人为宜。由于每位参与者有着不同的经验和看法，集体访谈可以激发讨论，从而获得更多样、更全面的信息。但是，集体访谈也存在一定的局限性。例如，在集体访谈中可能出现议论纷纷的情况，导致访谈偏离主题，访谈时间延长；由于参与者性格各异，有人擅长交际、有人沉默寡言，前者可能独占话题，后者可能不发表观点。在这种情况下，访谈结果的代表性是有待商榷的。

根据访谈次数，访谈可以分为一次性访谈和多次性访谈。前者以收集事实性信息为主，而后者则用于追踪调查或深入探究某些问题。在质性研究中，如果不是特殊情况，研究者都提倡进行多次性访谈。

访谈的形式是多种多样的，对访谈形式的选择应该依据研究的问题、目的、对象、情境和研究阶段的具体情况而定，在必要的时候还可以将不同的访谈形式结合起来。

4.3　访谈的过程

访谈的过程可以分为三个阶段，即访谈的准备阶段、访谈的实施阶段和访谈的收尾阶段。在明确访谈目的之后，应当首先进行访谈对象的抽样、与受访者确立研究关系、准备好访谈的提纲和工具。在一切准备工作就绪以后，就可进入访谈的实施阶段。实施阶段包括提问、倾听、回应三方面的工作。在访谈的实施阶段快结束时，应该寻找合适的时机收尾，后续对访谈结果进行整理分析。

1. 访谈的准备阶段

在访谈开始之前,研究者要做一些必要的准备工作,通常包括抽取访谈对象、确定访谈的时间和地点、建立访谈关系、设计访谈提纲等。下面对这些部分进行具体探讨。

(1) 抽取访谈对象

一般来说,社会科学研究中的抽样可以分为概率抽样和非概率抽样两大类。概率抽样是指在被限定的研究对象中,每个单位都具有相同的被抽中的可能性。非概率抽样是指按照其他非概率标准进行抽样。质性研究中使用得最多的非概率抽样方式是"目的性抽样",即按照研究目的抽取能够为研究问题提供最大信息[1]的研究对象。

另外,抽样的具体方法还有滚雪球(连锁式)抽样、机遇式抽样、方便抽样等。这些都可以用来选择研究对象,研究者应根据研究的实际情况选择最适合的抽样方法。

(2) 确定访谈的时间和地点

一般来说,访谈时间和地点的选择应尽可能以受访者方便为主。这样做既是为了向受访者表示尊重,也是为了使受访者在自己选择的较为熟悉的环境里感到安全、放松,从而提升访谈效果。访谈者初次接触受访者时,应该就访谈的次数和持续时间向对方征求意见。通常,一个较为充分的访谈资料收集过程至少应该包括一次访谈,每次采访时间应该在一小时以上,最好不要超过两小时。与研究者交谈超过两小时通常会让受访者感到疲倦,如果不及时停止,可能会使受访者对讨论的主题产生厌烦情绪。若受访者产生不满情绪,显然是不利于研究者后续进一步与受访者合作的。当然,如果受访者兴趣盎然,在两小时以后仍然希望继续交谈,那么访谈也可以持续下去。但是,在这种情况下,访谈者应密切关注受访者的神情,可以使用言语或动作表示访谈已经超过约定时间,如果受访者愿意,可以随时结束访谈。

---

[1] 陈向明. 质的研究方法与社会科学研究 [M]. 北京:教育科学出版社,2000:93.

(3) 建立访谈关系

访谈的成功与否和访谈者与受访者之间的关系密切相关，要建立和保持良好的关系，双方需要就相关事宜达成共识。一般来说，访谈者应该在访谈开始之前向受访者介绍自己和自己的研究课题，并就语言使用、交谈规则、自愿原则、保密原则及录音等问题与对方进行磋商。访谈者在向受访者介绍自己的研究课题时，应告诉对方他们是如何被选择作为访谈对象的，自己希望从他们那里了解哪些情况。访谈者应尽可能坦率、真诚，并尽可能回答受访者提出的问题并帮助他们消除疑虑。

此外，访谈者应该在采访开始之前再次向受访者承诺自愿原则，说明受访者有权随时退出研究，并且不必承担任何责任。同时，访谈者应该向受访者做出明确的保密承诺。如果研究报告中需要引用受访者提供的信息，访谈者会对所有人名和地名进行匿名化处理。访谈者即使不熟悉受访者的语言，也应尊重受访者的语言表达方式，鼓励他们使用自己的母语来表达自己。一个人的母语往往离自己的内心情感最近，最容易被用来表达自己深层次的想法和感受。因此，访谈者应尽可能学习方言，只有在迫不得已的情况下才雇用翻译。

在访谈开始之前，访谈者还应该与受访者讨论是否可以对访谈进行录音。一般来说，如果条件允许且受访者没有异议，最好对访谈进行录音。录音可以保证访谈资料的完整性，便于日后分析资料、撰写报告。此外，录音还可以让访谈者从记笔记的负担中解放出来，将全部注意力集中于受访者，这不仅可以帮助访谈者与受访者共情，而且还会让受访者感觉到自己所说内容的重要性，从而更愿意敞开心扉与访谈者进行深层次的交流。

但是，在某些情况下，录音也会产生负面作用。如果良好的访谈关系尚未建立，录音可能会使受访者感到不安，选择隐瞒可能对自己产生负面影响的信息。有些受访者认为录音是一件非常重要的事情，于是在进行录音的谈话中尽量使用正式和体面的语言，而不愿意使用日常语言。此外，虽然大多数质性研究者都认为录音十分重要，但也有研究者认为录音会让自己变得懒惰，因为事后可以听录音带，访谈时便不强迫自己对访谈内容进行即时的记忆。

(4) 设计访谈提纲

虽然开放型访谈和半开放型访谈要求给受访者更大的自由表达空间，

但是通常访谈者事先仍需要设计一个访谈提纲。这个提纲应该是粗线条的，列出访谈者认为在访谈中应该了解的主要问题和应该覆盖的内容范围。访谈问题应该明白易懂，具有可操作性，同时访谈提纲应尽可能简洁明了，最好只有一页纸，可以一目了然。访谈提纲在访谈中只是起到提醒的作用，以免访谈时遗漏重要的内容。访谈者在使用访谈提纲时应该保持开放和灵活的态度。访谈的具体形式应因人而异、因具体情境而异，不必强行按照访谈提纲的语言和顺序提问。如果受访者在访谈结束时没有提及访谈者在访谈提纲中列出的重要问题，访谈者可以询问对方。访谈者应该随时修改访谈提纲，前一次访谈的结果可以为下一次访谈提纲的设计提供依据。

2. 访谈的实施阶段

访谈的实施阶段主要有三方面的工作：提问、倾听、回应。它们在实际操作中是相互交融、密不可分的。例如，在很多情况下，回应的方式就是提问的方式。倾听则对提问和回应都具有指导作用，因为不会倾听就不会回应和提问。为了便于分析，下面分别对这三部分进行讨论。

（1）提问的艺术

研究的问题、访谈者的习惯、受访者的个性及现场具体情境不同，访谈者在访谈中提出的问题也会有所不同。访谈中提出的问题可以分为开放型问题与封闭型问题、具体型问题与抽象型问题、清晰型问题与含混型问题。

开放型访谈的开头通常提出开放型问题，问题的结构和内容都较为灵活、宽松，以使受访者可以用自己的方式表达观点。但是，要把握好"开放"的度。若过度"开放"，则会让受访者困惑于访谈目的。在某些特殊情况下，访谈者可以适当使用一些封闭型问题。例如，当受访者在访谈结束时还没有谈及访谈者认为非常重要的问题时，访谈者可以采用相对封闭的形式对这些问题进行比较有针对性的提问。

如果研究的目的是了解受访者的特殊经历，或者是探究一个事件的始末，那么访谈者应尽可能使用具体型问题。当访谈者提出的问题比较抽象时，受访者通常会以"大道理"的形式来回答问题。而具体型问题则可以让受访者的注意力集中在可闻、可见、可触的细节上。一般来说，访谈者提问的方式、措辞及问题的内容范围都要适合受访者。在访谈中，访谈者应遵循生活化、通俗化和地方化的原则，尽可能熟悉受访者的语言。

在访谈中，如果要对相关问题进行深入讨论，一般采用追问的方式。追问是指访谈者就受访者前面所说的某一个观点、概念、语词、事件、行为进行进一步探询，将其挑选出来继续向对方发问。① 访谈中，访谈者不能不管受访者在说什么或者想什么，都只根据预先准备好的访谈提纲抛出问题。若想达到有效追问的目的，访谈者必须全身心地倾听对方话语，只有这样才能抓住重点深入探究。

（2）倾听的艺术

问是访谈者所做的有形工作，而听则是访谈者所做的无形工作。在质性研究中，访谈的主要目的在于了解和理解受访者对研究问题的看法，因此，访谈者应该注意倾听他们的心声。访谈中的听包括行为、认知和情感三个层面的听。

① 行为层面的听。它大体呈现出三种状态：表面的听、消极的听、积极的听。② 表面的听是指访谈者只是装作倾听的样子，并没有认真地将受访者所说的话听进去。消极的听是指访谈者被动地倾听受访者的话语，但是没有将这些话语所表示的真正意义听进去。访谈者并不会积极地进行思考，也不会产生任何情感上的共鸣。积极的听是指访谈者将自己的全部注意力都集中在受访者身上，给予其最大限度的、真诚的关注。显然，访谈中积极的听是最好的选择。

② 认知层面的听。它可以分为强加的听、接受的听和建构的听三种情况。③ 强加的听是指访谈者在大脑中快速地处理受访者的话语，将其归纳到自己习惯的概念分类系统中，对受访者的话语做出自己的价值判断。这种听往往会导致访谈者对受访者话语有片面的理解，也容易引起受访者的反感。接受的听是指访谈者暂时抛开自己的判断，积极接收受访者的信息，留意他们使用的本土概念，探究他们所说话语背后的含义。建构的听是指访谈者在倾听过程中积极地与受访者交谈，反省自己的假定。建构的

---

① Seidman I. Interviewing as qualitative research: A guide for researchers in education and the social sciences [M]. New York: Teachers College Press, 1991.
② 杨威. 访谈法解析 [J]. 齐齐哈尔大学学报（哲学社会科学版），2001（4）：114-117.
③ 杨威. 访谈法解析 [J]. 齐齐哈尔大学学报（哲学社会科学版），2001（4）：114-117.

听对访谈者的素质有较高的要求，要求他们具有较强的自省能力。质性研究要求访谈者能够做到建构的听。

③ 情感层面的听。它可以分为无感情的听、有感情的听、共情的听三种类型。[1] 无感情的听是指访谈者在倾听时，不但没有投入感情，而且对受访者的情绪表达也无动于衷。有感情的听是指访谈者对受访者的话语有情感表露，并且能接纳对方的全部情绪，同时表现出对对方的理解。共情的听是指访谈者在倾听中与受访者在情感上达到了共振，双方同欢喜、共悲伤。在访谈中，访谈者要做到有感情的听与共情的听，这并不代表访谈者应放下理智，事实上，正是具有情感上的共振，访谈者才能更准确地了解受访者。

在倾听时，访谈者还要记住：不应轻易打断对方的谈话，并且能够容忍沉默。沉默的产生有多种原因，可能代表受访者在思考问题。因此，访谈者必须敏锐地做出判断，并耐心等待。

(3) 回应的艺术

在质性研究中，访谈者不但要主动地提问、认真地倾听，还要适当地做出回应。回应是指访谈者在访谈过程中对受访者的言语和行为做出的反应，包括言语反应和非言语反应。回应的目的是传达自己的意图、态度和想法。回应不但会影响谈话的风格和内容，还会对访谈的整体结构、访谈的节奏产生一定的影响。常用的回应方式包括认可，重复、重组和总结，自我暴露，鼓励对方。[2] 它们的作用分别是接受、理解、询问、共情等。

① 认可。认可是指访谈者向受访者表示自己已经听到，并且期望对方继续说下去。表示认可时既可以使用点头、鼓励的眼神等非言语行为，也可以使用"嗯""对"这样的言语行为。研究表明，访谈者做出上述认可的动作或说出上述认可的言语对受访者的持续表达起到非常重要的作用。

② 重复、重组和总结。重复是指访谈者重复受访者所说的话，目的是让受访者继续说下去，同时检验自己的理解是否正确。重组是指访谈者用另一种方式说出受访者所说的话，检查自己的理解是否正确，并邀请对

---

[1] 杨威. 访谈法解析 [J]. 齐齐哈尔大学学报（哲学社会科学版），2001 (4)：114-117.
[2] 杨威. 访谈法解析 [J]. 齐齐哈尔大学学报（哲学社会科学版），2001 (4)：114-117.

方纠正。总结是指访谈者用一两句话概括受访者的一番话，以整理自己的思路，检查自己的理解是否正确，并鼓励对方继续说下去。重复、重组和总结主要是帮助谈话双方理顺思路，检查理解的正确性，同时鼓励受访者继续说下去。

③ 自我暴露。自我暴露是指访谈者对受访者所谈的内容就自己有关的经历或经验做出回应。访谈者的自我暴露可以拉近自己与受访者之间的距离，使谈话关系变得轻松而平等。需要注意的是，自我暴露要把握好度。

④ 鼓励对方。受访者通常会疑虑自己所谈的内容是否符合访谈的要求，往往希望受到访谈者的鼓励。在需要受访者披露个人隐私时，访谈者更需要给予受访者不带有偏见的理解和鼓励。

3. 访谈的收尾阶段

访谈应当在一个良好的氛围中进行，因此，如果访谈已经超过事先约定的时间、受访者已经表现出疲惫、访谈的节奏变得拖沓、访谈的环境变得不利（如受访者有客人来访）等，访谈应当马上结束。访谈者要有敏锐的观察力，选择适当的时机结束访谈。

访谈者可以有意向对方发出一些言语或行动上的暗示，表明谈话已经接近尾声，促使对方说出他们特别想说的话。例如，访谈者可以询问对方："您还想说些什么？""你觉得今天的采访怎么样？"如果有需要，访谈者还可以做出准备结束访谈的动作，如收拾录音设备或笔记本。为了给结束访谈做一些铺垫，访谈者还可以谈论一些比较轻松的问题，如询问对方："您今天还有其他的活动吗？"若研究需要对同一受访者进行多次访谈，访谈者也可以借此机会与对方商定下一次见面的时间和地点。最后，在访谈结束时，访谈者应该对受访者付出的时间和精力、受访者对自己的信任和受访者愿意进行自我探索的勇气，表达真诚的感谢。

综上所述，访谈是质性研究中一种十分重要的资料收集方法。访谈与日常谈话不同，是一种有目的的研究性谈话。但同时，访谈又可以作为一种言语事件，其本身的存在和作用可以作为一个十分有意义的研究现象。在质性研究中，访谈不仅仅发挥了一个简单的、访谈者向受访者收集资料的作用，更重要的是一个交谈双方共同"建构"和共同"翻译"社会现实的过程。因此,访谈不能仅依靠访谈者运用技巧,还需要访谈者对访谈的作用、情境和研究关系有充分的了解。因此,我们应该始终牢记这样一个事实:访谈的成功不仅需要访谈者打开自己的心,而且需要访谈者想办法让受访者打开自己的心。只有心与心之间进行交流,我们才有可能进入心的深处,这才是访谈的真正使命。

第 5 章

焦点小组法

目前,焦点小组(focus group)是质性研究中应用最广泛的研究方法之一。此方法的主要特征是以描述和理解一组选定人员的观点和信念为目的,这些人员可以有相似的社会、历史文化背景或其他方面的经历,研究者可以从小组参与者的表述观点中得到对特殊事件的理解。换句话说,焦点小组就是小组成员结合自身的经历或经验,在主持人的组织协调下,就某些研究议题进行专门的互动和讨论,表达其观点、感觉、态度与想法,从而对某些议题获得共同解释或理解的过程,并据此实现知识的生产和建构。

5.1 焦点小组法的起源

"焦点小组"最早出现于 20 世纪 50 年代,提出使用该方法的是美国社会学家罗伯特·莫顿(Robert Merton)和肯德尔(Kendall),他们在《美国社会学期刊》上发表了《焦点访谈》一文。[①] 他们就社会学中长期以来的访谈方法进行了回顾与评价,并提出了这种独特的访谈方法。此种访谈的主要特征如下:

第一,访谈对象都曾经历过某个特定的具体环境,如都曾读过某一本

---

① Merton R K, Kendall P L. The focused interview [J]. American Journal of Sociology, 1946, 51 (6): 541-557.

书，都曾经历过一个相同的事件。第二，研究者主要分析与环境相关的元素、模型和结构。第三，研究者依据拟询问的问题，制定访谈大纲，通过访谈收集数据。第四，访谈聚焦于访谈对象的"主观体验"，通过分析他们的主观体验去检验假设的有效性，并更新假设。

莫顿和肯德尔进一步指出焦点小组主要服务于两个目的：第一，验证某个具体的经验，如对生活中某个事件的反应；第二，了解访谈对象某些经常性的反应。与一般访谈不同，焦点小组是一种小组访谈，不是一对一访谈，而且对小组成员也有着独特的要求。此外，焦点小组成员也可以集中讨论，进一步收集数据。[①]

5.2 焦点小组的定义

有关"焦点小组"的定义并没有达成共识，但一般而言，焦点小组是由5~10人组成的，在主持人的引导下对某一主题进行深入讨论，便于了解和理解人们对某一主题的看法及这种看法形成的原因。焦点小组法的目的在于促进参与者在会议中自我暴露，说出自己的主要观点。有研究显示，当个体感觉与他人之间具有相似性时，他们可能更愿意分享自己的观点。[②] 该方法经常被用于调查诸如个体的态度、观点、动机和行为等多个方面的议题。应用这种方法的一个重要前提假设是群体动力论，即在群体讨论中，被访者可以更加愉快地提出更多的观点。[③] 整体而言，焦点小组具有以下特征。

第一，参与人员相对较少，一般由5~10人组成，也可以是4~12人。但建议焦点小组成员相对较少，这样可以让每位成员都有机会分享自己的观点。如果成员较多，那么小组里有相当一部分人就无法分享自己的

---

① 王玲. 定性研究方法之焦点小组简析 [J]. 戏剧之家，2016（07上）：258-259.
② 理查德·A. 克鲁杰，玛丽·安妮·凯西. 焦点团体：应用研究实践指南 [M]. 林小英，译. 重庆：重庆大学出版社，2007：7.
③ 臧晔. 定性研究焦点小组方法发展历程追溯与探究 [J]. 广告研究（理论版），2006（3）：86-93.

观点，很多时候个体可能只能与邻近的人私下交流。但如果成员太少，焦点小组分享的观点可能又没有那么丰富。

第二，焦点小组成员具有一定程度上的同质性。同质性有广义和狭义之分。从广义上讲，焦点小组成员只要有某一方面的共同点即可。例如，单位拟招聘一批人组成一个教育项目小组，它的前提条件是候选人没有参与过此类项目，那么从广义上讲，教育项目小组成员在性别、年龄、兴趣、学历等方面可以有很大的差异。从狭义上讲，教育项目小组成员最好在没有参加过此类项目之外，还具有晋升路径明确、成功动机较强等特征。在焦点小组设计过程中，需要注意成员间的熟悉程度，如果比较熟悉，那么他们可能在某些议题的讨论过程中难以暴露自己的真实想法，心中有顾虑。所以，焦点小组成员最好拥有相似的社会或文化经历，或来自同一生活地域，或对相关研究议题持有较高的关注度，但又有一定的陌生感。

第三，研究议题比较集中，也就是集中在研究对象均关注的焦点话题上。焦点小组讨论的问题要事先仔细确定，用适当的语句进行组合，并按一定的顺序排列。这些问题要相对容易理解，这样可以将小组的交流重点置于成员感兴趣的某一特定领域，让小组成员对研究议题的讨论更加深入和详细。

第四，互动是焦点小组的突出特点。与其他研究方法不同，焦点小组侧重于小组成员之间的交流和互动，而非集体的问答形式。只有当小组成员对研究议题进行了充分的交流和讨论，而不是单独回答小组协作者的问题时，才可称之为"焦点小组"。

第五，小组协调员在焦点小组访谈过程中扮演着重要的角色，起着重要的作用。在焦点小组访谈过程中，有一位协调员自始至终参与焦点小组访谈过程，有点类似小组主持人。他负责介绍研究议题，并协助焦点小组成员进行讨论，同时鼓励焦点小组成员参与互动并引导讨论。当然，协调员并不一定要是研究的权威，也不能给焦点小组成员压力，逼迫他们就某个研究议题取得一致性的认识。在此过程中，协调员主要是让焦点小组成员的对话和交流变得平等，要尽量"去权威"，保持低调，将主动权交给焦点小组成员，鼓励对话，参与讨论。

第六，焦点小组的知识是焦点小组成员讨论的结晶，是一个知识建构的过程,是集体智慧的结晶,它比较适于探索新的问题。不过,在实际应用过程中,焦点小组不只是探讨已知的问题,更希望能产生一些研究者起初并没有的想法,所以其半结构化特点较明显。

5.3 焦点小组法的分类

基于研究框架和研究设计,焦点小组主要可以分为两类。

1. 成员主体型焦点小组

它主要用于收集第一手材料,经常用于市场营销策略分析,尤其是市场销售调查。当然,它在其他领域也有应用,如社会学、通信、教育、心理学和公共健康等领域。它是行动导向的研究方法,其首要目的是寻找更多的实践行动,而不是构建某个学术理论;其主要目的是在与小组成员访谈的过程中听取他们的想法。

2. 专家小组型焦点小组

它主要用于说明特定问题,可以有三种类型的研究设计。① 相互协作式,其参与者不仅有熟悉情况的专业人士,而且有特定领域的相关专家。② 将参与专家作为一个参与设计的要素。这种研究方案设计的目的不仅在于针对特定问题,发现其形成原因,而且在于激发人们在实践或集体合作中找到解决问题的方法。③ 参与专家通过辩论方式达成一致意见。最典型的例子是德尔菲团队的方法设计,该团队通过精心组织一系列个人访谈项目,包括问卷调查和个别信息观点反馈,最终目标是使专家得到关于未来发展的预期。在焦点小组中,调查问卷被由一系列专家组成的焦点小组讨论取代,在这一过程中,研究者可以通过干预手段总结一致观点并突出未解决问题。① 此种方法与无领导小组讨论极为相似。

---

① 方蒸蒸,程晋宽."焦点小组访谈"的比较教育研究方法意义[J]. 外国教育研究,2012,39(6):19-25.

焦点小组在不断的发展过程中，为了适应不同的研究需要，出现了很多衍生形式。

① 双向焦点小组。这种方法是让一个目标群体听取另一个相关群体的看法，每个群体组成一个焦点小组，并从中学习。例如，基层管理人员组成一个焦点小组，讨论他们在基层管理过程中遇见的形式主义问题，并期望得到哪些支持以避免形式主义的危害。专家学者在他们讨论的过程中仔细观察，然后由专家学者组织一个焦点小组，分析基层管理人员的讨论情况。这种方法是两个不同的焦点小组的组合使用，作为第三者的主持人要同时主持这样两组目标人群；两个焦点小组讨论时对问题的把握会更加深入。

② 双主持人焦点小组。这样的焦点小组是由两个主持人来执行的，其中一个主持人负责会议的顺利进行，另外一个主持人确保讨论特定的主题。这种焦点小组的主持方式现在是非常常见的。基于主持人在焦点小组中的重要作用，将所有的重担压在一个人身上有时是有风险的。两个主持人同时在场，除了可以减轻单一主持人的压力之外，两个人互相配合、互相补充，也会使得焦点小组更加完善。这样做无疑会增加焦点小组的费用，但是在比较重要的时候，这种方法还是非常值得考虑的。在人员安排方面，一位协调员可能是焦点小组的专家，但对讨论的主题不是很熟悉；另一位协调员可能对焦点小组的主题很熟悉，但对整个流程不是很了解。

③ 主持人争辩小组。此种类型的焦点小组也有两个主持人，但他们对焦点小组讨论的问题故意持相反的观点，允许研究人员辨析讨论问题的多个方面。在组织访谈的过程中，焦点小组的成员也可能会分成两个派别，在争论过程中能够产生更多的想法。此类型的焦点小组比较适合于有争议的话题，或者是新颖的、未达成一致意见的话题。

④ 微型焦点小组。此小组由一个协调员与4～5成员组成，适于深入探索焦点小组讨论的议题。在市场调查领域，这一方法用得比较多。部分研究会聘请一些高端客户参与焦点小组讨论，一般情况下高端客户比较忙，邀请他们参与焦点小组讨论不太容易，成本比较高，聘请人员可以相对少一点。同时，高端客户对问题的理解比较深入，能够发表较多的建议，所以交流的时间往往较长，采用微型焦点小组既可以满足他们对发言时间的要求，又可以减少成本。而且，微型焦点小组更方便主持人对讨论

的控制。因此，在资金充足的情况下，微型焦点小组是一个很不错的选择。

⑤ 再次召回的焦点小组。这是一种带有连续性质的焦点小组，也可以称为"定期重复的焦点小组"，可以让相同的参与者或不同的参与者来完成。例如，在第一次焦点小组座谈结束以后，过一段时间之后主持人再次把参与者召回，进行小组讨论，这样有助于继续深入挖掘参与者的观点、态度和认知。两次座谈的任务可以各有侧重，例如，第一次座谈可以收集事实性信息为主，后续座谈则可以用于追踪调查，达到由浅到深、由表及里，实现由事实信息到意义解释的转变。但是，进行这种形式的座谈会，主要的挑战是参与者是否有意愿多次参与此种类型的会议。

⑥ 电话或虚拟焦点小组。随着信息技术的发展，人与人之间交流的时空限制逐渐被打破，在焦点小组访谈过程中可以充分利用现代信息技术，如电话、网络视频等方式开展焦点小组访谈，被概称为"电话或虚拟焦点小组访谈"。它的优点是减少了交通费用，缺点是缺乏非语言信息的交流，交流的媒介丰富度不够，对主持人的要求也更高。

上述每一种方法都是在焦点小组方法的核心原则基础上展开的变形，目的都是更好地实现研究目的。到底哪一种方式是最好的，这没有绝对的答案，须具体问题具体分析，只要在对项目进行充分的了解之后，认真研究，选择合适的研究方式即可。当然也有学者提出，在具体采用哪种类型的焦点小组时，主要考虑访谈的目的、人员招募的难易程度、讨论问题的性质、讨论的环境等因素。

5.4 焦点小组的访谈过程

焦点小组法作为一种质性研究方法，其理论渊源是西方解释学思想。沃恩（Vaughn）等人分析了焦点小组的运用依据，认为人是有价值的信息来源，小组成员中的互动是天性使然，但有组织的小组讨论是人们获得观点、感受和看法的一个关键步骤。信息资源的获得与每个人的所感、所想有关，组织者要最大限度地防止所谓的"集体意识（group think）"现象影响他人的想法。① 一般而言，焦点小组的访谈过程主要包括以下环节。

1. 焦点小组访谈前的准备

有学者指出在以下情况下可以考虑使用焦点小组法：你在寻找人们对某些事物的不同观念和感受；你试图了解不同的团体或不同类型的人的观念是否有不同之处；你的目的是发现影响观点、行为、动机的因素；你想要观点从团队中涌现出来；你想对各种想法、材料、计划或政策进行预先测试；你需要信息来设计大规模的定量研究；你需要信息来帮助弄清楚已收集到的定量数据；你很重视获得来自目标人群的评价或言语。以下情况应当不考虑使用焦点小组法：你想要人们达成一致意见；你想要教育人们；你并不打算使用焦点小组法的结果；你对研究的重要方面失去了控制；等等。②

如果确定运用焦点小组法，那么就要开展以下工作。

(1) 焦点小组访谈策划

访谈策划其实就是对整个访谈进行安排。首先，要确定访谈主题，发起人应制订一个计划，包括项目目的、详细的样本选择、焦点小组成员的数量和研究者的责任。一旦明确了访谈主题和研究目标，研究者即可开展文献综述，或者向与研究课题相关的专家咨询，获得相关的信息，规划、设计后期访谈的问题。其次，依据访谈主题对访谈大纲进行设计。访谈大纲是对访谈主题的分解，形成具体的内容，并按照一定的逻辑结构拟定具体的问题，以便与参与者进行沟通。一般而言，访谈大纲分为三大部分。

① 介绍语。在正式访谈开始之前，受访者之间、受访者与主持人之间还比较陌生，因此，开场前必须有一个较为简短的介绍。通过介绍营造一个较为轻松、愉快的访谈氛围，以更好地完成访谈。介绍的主要内容包括：一是欢迎大家到来，解释此次访谈的目的和访谈的主题。二是介绍相关的规则和注意事项。首先，要强调观点来自每个人，每个人都要参加讨论，每个人的意见都非常重要。其次，说明答案没有对错之分。再次，很

---

① 方蒸蒸，程晋宽. "焦点小组访谈"的比较教育研究方法意义 [J]. 外国教育研究，2012，39 (6)：19 – 25.
② 理查德·A. 克鲁杰，玛丽·安妮·凯西. 焦点团体：应用研究实践指南 [M]. 林小英，译. 重庆：重庆大学出版社，2007：18 – 19.

有必要在开始之前将访谈要持续的时间告知参与者。最后，使用录音设备对数据进行完整录音，且说明对受访者所说的一切信息都会严格保密。在介绍语中，主持人还可以根据现场情况加入幽默的小故事来活跃气氛，使大家放松。

② 主体访问内容。在开场白之后，主持人会将本次访谈的主体内容按照访谈大纲列表来进行访问。主体访问内容是对调查主题进行分解，并按照逻辑结构来展开的问题。与此同时，列出了在实际操作中经常会碰到的一些典型问题及其应对措施，比如，应该对迟来者给予多大程度的关注？参加访谈的各种角色应该如何行事？一次要实行多个小组访谈时，它们之间可以如何改进？

③ 总结与感谢。主持人根据主体内容完成情况来控制访谈的结束时间，此时，主持人可以总结大家讨论的主要观点，并对大家在访谈中的讨论表示感谢。

（2）访谈实施步骤安排

有了访谈大纲，基础工作就完成了，接下来就是访谈实施步骤的安排。是寻找一位合适的主持人，由其进行相关工作的安排，还是由项目组完成前期工作，在访谈实施前才让主持人介入，不同的访谈实施步骤可能会带来不同的效果，这个可根据项目需求、调研实际情况进行安排。

2．实施焦点小组访谈

通常情况下，项目组完成前期工作，具体包括邀请受访者、安排场地、确定时间等，之后才会寻找一位合适的主持人来推进焦点小组访谈。

（1）确定受访者

受访者并不是随机找来的，而是根据研究的需求在研究对象中进行抽样而来的。样本应该是均匀的变量，每个组一般有 6~12 名参与者。研究者要考虑目标人群的人口学特征及其与讨论目标相关的特征。抽样的方法与定量研究的抽样方法相似。首先是确定样本的特征，比如，要想调研五笔输入法用户的使用体验，样本必须是使用过五笔输入法的消费者，这个特征非常重要，如果不符合，受访者可能在讨论中根本提不出相应的感觉和意见。其次是通过不同的方法或维度将样本抽取出来，比如，根据工作性质或收入从五笔输入法的用户中抽取出 6~12 名最终的样本。

（2）确定分组数量

项目的性质决定了焦点小组的数量。研究者并不基于统计意义和样本的大小做出决定，而是根据经验判断。研究小组的数量与被研究者的变量之间有一定的关系。大多数项目可以用 4~8 组来完成，超过 10 组则不太恰当。

（3）选择访谈场地

国外的经验是在一个特定的房间进行焦点小组访谈。在这个房间内，办公的气氛比较浓厚，类似公司的会议室，墙上一般会安装一面可供受访者观看的镜子，还会有录音及摄像设备。这样的环境虽然有利于获得和记录访谈资料，但是从受访者的角度来考虑，这种环境往往让他们觉得压抑或太正式，并不能够很轻松地表达自己的情感和意见。近年来，焦点小组访谈的环境有了较大的改进。一般来说，地点安排在会议室、图书馆、老年人活动中心或某人家里。对于主持人来说，参与者有姓名牌将有助于其促进讨论的开展。如果条件允许，还可以提前准备一些零食，让参与者感到更放松。

（4）确定访谈时间

将不同的受访者聚集起来不是一件容易的事，在确定的时间内还会有受访者因为各种各样的原因不能到达。因此，确定访谈时间显得十分重要，一般可选择受访者可能会有空的周末。

（5）选择主持人

优秀的主持人是焦点小组访谈成功的保障，如同一个团队的带头人一样，优秀的主持人可以引导整个访谈的走向。主持人应该熟练地进行人际沟通且保持公正，主持人的责任是从参与者的讨论中收集观点，其作用是营造一个支持性、非批判性的氛围，鼓励所有人参与讨论。在小组讨论的第一阶段，主持人首先要组织友好的介绍，接着推动讨论一般的问题，然后引导讨论过渡到具体的问题。主持人应运用探索的方法促进互动，缩小讨论或扩大到新问题。同时，主持人应鼓励参与者，如眼神接触和点头。在讨论结束时，主持人总结讨论结果，并要求参与者提供他们认为重要但没有讨论的主题。

优秀的主持人应当具备以下品质：① 善于提问和倾听。循循善诱，使受访者愿意分享自己的故事与经历，且能够耐心倾听受访者的想法和感受。② 良好的理解能力。能够从他人的角度理解和分析问题，且善于抓住受访者语言中的重点，并转化为大家容易理解的话语。③ 灵活。在小组访谈过程中如果出现混乱场面，主持人必须能够随机应变并及时调整访谈提纲中的计划。① ④ 专业功底深厚。熟悉与访谈内容相关的专业知识，能够把握研究的实质性问题，并具备主持人的相关素质。⑤ 把握全局。主持人要允许小组讨论有所发散或出现兴奋点，但讨论主题总体上必须在自己的掌控之中。最后能提炼、总结众人的观点，从而更好地完成调研任务。②

（6）实施访谈

在确定的时间、地点，将受访者集结在一起，然后由主持人组织现场的讨论并进行启发，从而获得大量文字、语音及视频资料。在讨论结束后，主持人应通过总结来确定受访者的观点，并确认有没有遗漏重要的信息或是否需要补充某些信息。

（7）致谢及发放礼品

访谈结束后，主持人应对参与讨论的受访者进行致谢，感谢其参与及提供意见，并根据之前的约定发放相应的礼品。至此，访谈实施结束。

3. 整理分析及形成结论

通过焦点小组访谈收集到的信息是以文字、图片、录音和录像等形式呈现的，必须对这些信息进行整理和分析，而这种分析是定性的。当人们被问及信仰、态度和价值观等时，他们的反应往往是分析的焦点。分析通常由主持人完成，同时最好有三位研究人员参与分析，以减少主持人的偏见。第一阶段的分析发生于主持人和研究者决定要进一步促进哪一反应或重新定向。第二阶段的分析发生于每一个会话，研究者与分享意见和看法

---

① 王凌峰. 广告调查：大数据时代的消费者洞察［M］. 成都：西南财经大学出版社，2019：11.

② 姚小远，杭爱明. 市场调查原理、方法与应用［M］. 上海：华东理工大学出版社，2015：1.

的小组互动,并确定会议的主题。第三阶段,研究者审查转录的磁带和注释,再次捕捉关键思想。① 通过对原始资料的整理和分析,按照一定的逻辑和观点,将上述材料形成结论,并整理成报告,才算完成焦点小组访谈的全过程。

有学者概括了焦点小组报告撰写的五个原则:一是熟悉要点并迅速切入要点;二是清楚的、有效的写作要花费许多时间;三是提供启迪;四是将整个研究过程中的人都包括进来;五是运用多种报告策略。②

5.5 焦点小组法的优缺点

作为社会科学研究中最热门的研究方法之一,焦点小组法有许多优点:首先,宽松效应。焦点小组法的重要目标之一就是创造一个轻松的交流环境,让每位参与者都可以表达自己的观点或想法,而且因为地位是平等的,参与者会感觉受到了重视,不会掩饰自己的想法,真实表达,且此种方法相对简单易行。其次,因为参与者对访谈的议题都比较熟悉,在讨论过程中参与者能相互精确感知研究议题,所以在焦点访谈过程中能够深入探讨研究的议题,从而获得对某些问题的深入理解。再次,通过焦点小组访谈,在相对较短的时间内,研究者可以收集到特定的信息,信息收集的可靠性和有效性能够得到保证。焦点小组还有一些其他优势,如它能够让研究者理解人们为什么会这样感受,并让研究者有机会去研究集体意识对某种现象及其周围意义的构造。

毋庸置疑,焦点小组也有一些缺点。首先,焦点小组讨论的问题往往是研究者预先设计的一些问题,在某种情况下,焦点小组访谈有时变成了一个小组调查,而不是轻松互动的过程。其次,在某些情况下,焦点小组访谈的问题可能会很多,虽满足了研究问题的数量要求,却很难对某些问题展开深入的剖析,主持人的压力也比较大,这样就更容易使得焦点小组

---

① 王玲. 定性研究方法之焦点小组简析[J]. 戏剧之家,2016(07上):258-259.
② 理查德·A. 克鲁杰,玛丽·安妮·凯西. 焦点团体:应用研究实践指南[M]. 林小英,译. 重庆:重庆大学出版社,2007:121.

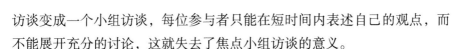

访谈变成一个小组访谈,每位参与者只能在短时间内表述自己的观点,而不能展开充分的讨论,这就失去了焦点小组访谈的意义。

社会科学领域的研究方法很多,焦点小组法只是常见的研究方法之一。在运用焦点小组法开展研究的过程中,我们要同时认识到焦点小组访谈的独特性和局限性,我们应该明确如何运用它才能发挥其最大的效能。需要指出的是,在运用焦点小组法的过程中,我们也需要通过一定的方法确保研究的信度和效度。为了保证研究的信度和效度,在运用焦点小组法开展研究的过程中,我们要严格检查研究的程序,评估结果是否能完全反映参与者的观点,研究报告是不是对他们想法的精确反映,如果有模糊不清的地方,应当要求参与者核实。只有恰当地运用焦点小组法,才能最大限度地发挥其作用,并顺利完成研究。另外,在信息技术时代,在焦点小组访谈过程中,我们也可以适当应用一些计算机软件对访谈内容进行量化或图表化表示,或者应用计算机软件对访谈内容进行编码,这样焦点小组访谈的报告写作可以更为精确。

第 6 章

▶▶ 行动研究——知行合一范式

行动研究（action research），源于20世纪40年代的社会科学研究领域。从字面上看，它是由"行动"与"研究"两个词组合而成的，可以简单地将它理解为通过行动来研究，在研究中再开展行动，形成行动与研究螺旋上升的进程；也可以将它理解为在行动中获得真知，再用真知去指导行动的一种研究方法。它突破了研究与实践之间的界限，链接了程序性知识和陈述性知识，在社会项目开展、管理实践过程中具有独特的价值，被广泛应用于社会的各个领域。

6.1 行动研究的发展历程

行动研究的发展可以追溯到对美国约翰·杜威（John Dewey）研究方法的批判，杜威认为应当采用科学的方法去寻找问题的答案。他认为科学方法应当遵循一定的程序，这个程序主要包括以下步骤：第一，明确研究主题的关键问题；第二，提出一个假设；第三，收集、分析和解释相关信息；第四，得出某个结论；第五，使用结论来验证或否定假设。① 杜威的问题探索程序也被简化为"定义问题—提出假设—收集数据—检验假设"模式，在中国更被简化为"大胆假设，小心求证"的实用主义方法。与此

---

① 克雷格·A. 莫特勒. 行动研究方法：全程指导 [M]. 王凌峰，叶涯剑，译. 重庆：重庆大学出版社，2022：5-6.

第6章 行动研究——知行合一范式

同时,在质性研究领域,实证案例研究成为广受欢迎的方法。无论是实证模式,还是先前案例研究方法,它们的共同之处是认为有一个客观的事实存在,研究主体与研究客体之间是分开的,强调研究主体有一副审视客观问题的"眼镜",理论与实践分离程度较高,并且演变为研究方法的一场危机。因为在社会实践领域,学界与企业界之间需要高度的协作,并建立充分的沟通和交流机制,只有这样才能获得社会实践的真正答案。例如,在管理实践领域,一般而言,研究者从外部利用相关理论辨识企业内部管理问题,企业实践者从实践视野审视内部经营问题。对于研究者而言,他们想知道管理问题的性质或原则,但有时会因没能深入企业管理实践过程而得到不符合实际的答辩。对于企业实践者而言,他们有时知道问题的症结在哪里,但又无法用理论去全景思考问题。一方面,研究者与实践脱离;另一方面,实践者不能用系统化的理论去思考问题。这就制造了较多理论性较强却不能帮助企业解决实际问题的理论。

要解决上述问题,理论界与实践派之间就要开展积极的对话。据此,勒温(Lewin)发出了减少理论界和实践派隔阂的呼唤,并期望通过某种方法加强它们之间的联系,为此他提出了行动研究的思想和概念。[①②] 所以,多数学者认为勒温是行动研究的开拓者。但事实上,在勒温之前,就有学者用过"行动研究"这个术语,约翰·柯里尔(John Collier)曾经担任过政府官员,他从公共政策的角度出发,指出既然某些问题的解决必须同时依赖政策执行者和政策接受者,那么在解决某些问题的过程中;政策执行者和政策接受者就应当主动地参与到政策设计过程中;在政策执行过程中,政策设计者可以看到政策的不足,进而思考如何更好地设计政策,而政策接受者也有机会思考如何去完善政策,如果只是让政策研究者思考政策的设计、执行和实施效果评估等问题,那么政策效果肯定难以保证。所以,约翰·雷利据此提出了要开展行动研究。[③] 不过,从相关文献资料来看,他只是使用了"行动研究"这一术语,而没有对"行动研究"的

---

① Lewin K. Field theory in social science: Selected theoretical papers [M]. London: Greenwood Press, 1975.

② 库尔特·勒温. 行动研究与民族问题 [J]. 陈思宇,曾文婕,黄甫全,等译. 民族教育研究,2019,30(2):129-135.

③ Colleir J. United States Indian administration as a laboratory [J]. Social Research, 1945, 12 (3): 265-303.

内涵进行详细的阐述。事实上,在勒温公开号召开展行动研究之后,行动研究才真正引起学界的关注。

勒温提出行动研究有其特定的研究背景,20 世纪 40 年代,他与学生从事一项多种族人际关系的研究项目,他们在分析犹太人与黑人的人际关系时,曾邀请犹太人和黑人以研究者的身份加入研究过程中。在此过程中,勒温要求犹太人和黑人积极地对自己的境遇进行反思,并提出改变自己现状的想法。1946 年,勒温将充分发挥实践者知识、智慧和能力的研究称为"行动研究"。自此之后,勒温应用行动研究的方法构建了一系列有关社会系统的理论。20 世纪 50 年代,行动研究被美国教育界研究者广泛使用,与教育相关的家长、社区工作者、教师、学生等都参与到了行动研究之中。行动研究在美国研究领域被广泛使用,当前国内行动研究主要聚焦于教育领域。[①] 20 世纪 60 年代,由于实证方法是研究领域"皇冠上的明珠",行动研究黯淡了一段时间。20 世纪 70 年代开始,特别是 20 世纪 90 年代之后,由于理论界对实证主义研究方法的质疑,行动研究又获得了新的生命力。

6.2　行动研究的内涵

尽管行动研究的应用范围广泛,但由于其哲学基础、研究目的等的多元化,理论界对其概念并没有达成一致。早期,勒温认为行动研究的问题来源于实践需要,研究在实践中进行,研究工作由实践者和研究者协作完成,研究成果应能够被实践者理解,并且实践者能够据此提出新的行动方案,以解决现实中的问题,达到改善社会行动的目的。后来,由于行动研究在教育领域最为盛行,因此,很多学者从教育学的角度对行动研究展开了分析,如米尔斯(Mills)认为行动研究是教师、管理者、咨询者或其他人对教学和学习过程或环境所进行的系统调查研究活动,目的是收集特定

---

① 李小云,齐顾波,徐秀丽. 行动研究:一种新的研究范式?[J]. 中国农村观察,2008(1):2-10,80.

学校如何运作、教师如何教学、学生如何学习的相关信息。① 有学者指出行动研究是一种管理者形成实践逻辑的理论方法，能够帮助管理者形成有效的实践逻辑。阿吉里斯（Argyris）等认为行动研究是一种干预式的研究，并据此提出了行动学习的组织发展方法。②

尽管学界对行动研究的定义有争论，但我们仍可以对具有代表性的行动研究定义做简要梳理：第一，行动研究实际上并不是一种研究方法，而是研究的一种方式、途径，或者是看待研究的一种视角。③ 行动研究作为一种研究范式，其研究者的价值观、知识和研究技能，甚至研究过程都与常规研究有很大的不同。④ 第二，行动研究的主体是研究者和行动者的有机结合。它特别注重研究者与行动者在相互认同的伦理框架下或共同的道德标准基础上开展互相信任、平等的合作。第三，行动研究是理论与实践的结合，实践者在行动当中，有行动的目的、责任，能够体察实践活动背景及有关现象的种种变化，能够通过实践检验理论、方案、计划的有效性和现实性。⑤

6.3　行动研究的分类

按研究的侧重点分，行动研究可分为以下三种类型：① 行动者用科学的方法对自己的行动进行的研究。它强调通过现实中的问题并应用实证方法验证理论，此时行动者变成思想家，强调研究的科学性。② 行动者为解决自己在实践中遇到的问题而进行的研究。它的目的是解决在实践中遇到的问题，而不是建立理论，此时行动者变成问题解决专家，强调问题

---

① Mills G E. Action research: A guide for the teacher researcher [M]. 6th ed. New York: Pearson Press, 2017.
② 陈向明. 质的研究方法与社会科学研究 [M]. 北京: 教育科学出版社, 2000: 12.
③ 刘玉皑. 民族志导论 [M]. 北京: 民族出版社, 2018: 5-6.
④ 李兴旺, 张敬伟, 李志刚, 等. 行动研究: 我国管理学理论研究面向实践转型的可选路径 [J]. 南开管理评论, 2021, 24 (1): 181-191, 201, 232-233.
⑤ 郑金洲. 行动研究: 一种日益受到关注的研究方法 [J]. 上海高教研究, 1997 (1): 23-27.

的实践性。③ 行动者对自己的实践进行的批判性反思。它强调批判性思维，并据此改进自己的行动。①

按参与者对行动的反思程度分，行动研究可分为以下三种类型：① "行动中认识"。它是指对实践者日常的例行式行动进行的研究，通过观察和反思了解实践者的内隐性知识。② "行动中反思"。它是指促使参与者将自己的思考转换为行动，比较不同的策略，将相同的因素提出来，排除不恰当的做法。③ "对行动进行反思"。它是指参与者明白地用口语建构或形成知识，把自己抽离出行动，对自己的行动进行反思。

按参与研究的成员构成分，行动研究可分为以下三种模式：① 合作模式。在这种模式中，专家与实践工作者合作，协商提出研究问题，共同进行研究设计，并制订研究计划。② 支持模式。研究问题由实践工作者提出，然后实践工作者决定行动研究的方向，并聘请专家作为顾问开展研究，此模式类似于日本企业常见的质量圈管理模式。③ 独立模式。在这种模式中，实践工作者独立进行研究，没有外部专家的指导。②

近年来，参与式行动研究（participatory action research）广受欢迎，它是一种强调参与和协作的研究方法，同时也是一种教育的手段和行动的方式。此外，"行动学习"在雷文斯（Revans）首次提出以后，变成一个很有影响力的工具，可有效促进个体开展持续的相关学习，并被应用到组织学习活动中，特别是人员培训与开发过程中。③

6.4　行动研究的过程

行动研究是一个持续循环的螺旋式上升过程，每个研究阶段的成果都将成为下一阶段反思和改进的新起点。在此过程中，研究者和实践者的知

---

① 巴尼·G. 格拉泽, 安塞尔姆·L. 施特劳斯. 发现扎根理论：质性研究的策略 [M]. 谢娟, 译. 武汉：华中科技大学出版社, 2022：25.
② 科琳·格莱斯. 质性研究入门指南 [M]. 崔淼, 苏敬勤, 译. 5 版. 北京：北京大学出版社, 2021：40–41.
③ Revans R W. Action learning: New techniques for management [M]. London: Blond & Briggs Press, 1980.

识不断迭代更新,行动所产生的经验将改变实践者探究和解决问题的方式。① 那么,行动研究的过程是怎样的呢? 早期,勒温提出了行动研究模型,如图6-1所示。②

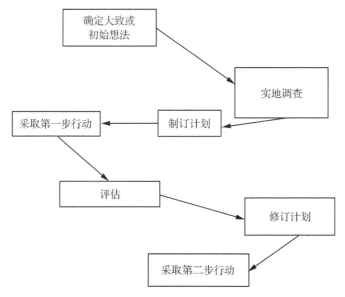

图6-1 勒温行动研究模型

该行动研究模型的首要环节是确定行动研究的大致或初始想法,然后开展实地调查,制订行动研究计划,再开展行动研究计划的第一步工作,在实践过程中或实践之后,对行动的效果进行评估,反思行动过程中暴露的问题,据此修订行动研究计划,并采取第二步行动。之后,很多学者都提出了行动研究模型,后来瑞尔(Riel)也提出了行动研究模型,如图6-2所示。③

---

① 祁志伟. 行动研究在公共管理学研究中的实践面向[J]. 宁夏社会科学, 2022(1): 178-186.
② 克雷格·A. 莫特勒. 行动研究方法: 全程指导[M]. 王凌峰, 叶涯剑, 译. 重庆: 重庆大学出版社, 2022: 17.
③ 克雷格·A. 莫特勒. 行动研究方法: 全程指导[M]. 王凌峰, 叶涯剑, 译. 重庆: 重庆大学出版社, 2022: 19.

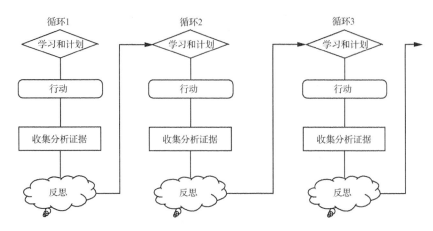

图 6-2　瑞尔行动研究模型

该行动研究模型也是一个循环性的周期过程，以非线性的方式进行。

但不管哪种模型，行动研究的过程一般都包括计划、行动、实施与反思四大环节，且具有迭代性、持续性和螺旋形的特征，与管理学经典的 PDCA 循环圈极为类似。行动研究的框架如图 6-3 所示。[①]

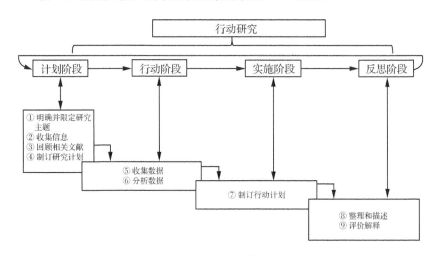

图 6-3　行动研究的框架

第一，计划。计划是行动研究的第一个环节，主要包含四个方面的内容。首先，明确并限定研究主题，或者是拟解决的问题和初步设想。比

---

① 克雷格·A. 莫特勒. 行动研究方法：全程指导 [M]. 王凌峰，叶涯剑，译. 重庆：重庆大学出版社，2022：39.

如，基层政府部门想要解决网格员制度执行悬浮问题，就要明确网格员制度执行悬浮问题的表象、危害和应对的策略。对于实践者而言，确定的问题必须是他们能够处理和解决的，这就意味着某个乡镇、街道或村（社区）的网格员制度执行悬浮问题可以被用来作为研究主题。但如果准备在基层街道研究宏观层面的形式主义问题，并且应对策略主要从乡镇街道层面制订，那么此研究主题就不具有操作性。其次，在此基础上，研究者需要收集各个方面的信息，对于网格员制度执行悬浮问题而言，研究者可以与网格员、服务对象、乡镇街道的管理者等多个主体沟通，了解他们对网格员制度执行悬浮问题的看法。在此过程中，研究者可以反思对研究主题的看法。再次，可以查阅和回顾相关文献，如可以通过中国知网查找关于网格化治理的文献（图6-4、图6-5）。最后，制订研究计划，并且研究计划必须充分灵活和开放。因为人们对问题的认识是逐步深入的，所以在制订研究计划时既要考虑和包容已知的制约因素、矛盾和条件，又要允许不断地修正计划，把始料不及、未曾认识和在行动中显现出的各种情况和因素纳入研究计划中。

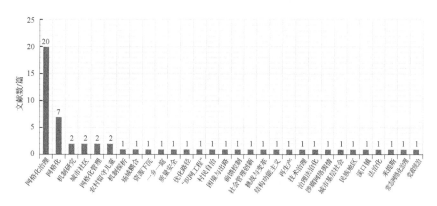

图6-4　主要主题分布图

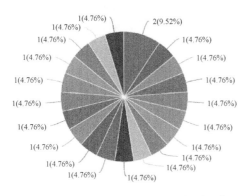

图 6-5 期刊分布图

第二,行动。此阶段的主要任务是收集数据和分析数据。收集数据的对象可以是利益相关者,在此阶段经常通过现场记笔记的方法来记录和描述细节问题。可以通过访谈或问卷调查的方法收集资料,如在研究网格员制度执行悬浮问题的过程中经常会用到访谈法和问卷调查法。下面是对一位网格员的访谈:"当时会上主要强调一条龙服务、便民服务这些事儿。""这个我们培训的时候开头会先讲的,我理解为,一个是信息上传,还有一个就是网格化本来就是社会治安综合服务体系的一部分,主要还是针对农村社会的治安问题。"Q 镇网格化管理相关工作调查问卷见表 6-1。

表 6-1 Q 镇网格化管理相关工作调查问卷

您好!现正在进行 Q 镇网格化管理相关工作调查,耽误您一点时间回答几个问题。					
A1. 您目前是否居住在本镇且居住时间超过 1 年?					
□是					□否(终止访问)
A2. 您的年龄是					
□18~30 岁	□31~40 岁	□41~50 岁	□51~60 岁	□61 岁以上	□18 周岁以下(终止访问)
主体问卷					
问题一,请问您是否知晓网格化管理工作?					
□非常知晓			□听说过,不太清楚		□不知晓
问题二,请问您是否知道您在哪个网格?					
□知道					□不知道

续表

问题三，请问您是否知道所在网格的网格员是谁？		
□知道	□不知道	
问题四，请问您是否知晓网格化管理工作的内容？		
□知晓	□不太清楚	□不清楚
问题五，请问您所在的网格有没有网格员开展巡查服务工作？		
□有	□没有	□不清楚
问题六，请问您对所在网格的网格员的服务管理工作满意吗？			
---	---	---	---
□满意	□比较满意	□不满意	□说不清

问题七，请问您家附近出现矛盾纠纷是否有人调解处理？		
□能得到调解（跳转问题八）	□无人处理	□无矛盾纠纷发生
问题八，请问经过调解处理后，矛盾纠纷是否得到解决？		
□得到解决	□没有解决	
感谢您的参与！		

在数据收集的基础上，研究者需要从数据中提炼主题，分析主题与范畴等。在数据分析过程中可能会用到质性研究方法，也可能会用到定置数据分析方法。

第三，实施。此阶段的主要任务是制订行动计划，它是行动者在获取了关于行动的背景及相关信息，经过思考并有一定程度的理解后，有目的、负责任、按计划采取的实际步骤。行动计划可以在不同层面设计。例如，对于网格员制度执行悬浮问题，可以从县、乡镇、村（社区）三个层面进行设计，一般需要在此过程中制订一个正式的文本计划，方便各个主体沟通与交流。

第四，反思。反思既是一个螺旋圈的终结，又是过渡到另一个螺旋圈的中介。反思这一环节包括：① 整理和描述，即对观察到、感受到的与制订计划、实施计划有关的各种现象进行归纳整理，描述本循环过程和结果，勾画出多侧面的生动的行动过程。此阶段可以采用多种方式展示行动研究的成果，如对于网格员管理而言，可以以政府咨询报告的形式呈现给相关领导，也可以通过学术期刊发表，与他人共享。② 评价解释，即对行动的过程和结果做出判断评价，对有关现象和原因做出分析解释，找出计划与结果的不一致性，从而形成基本设想、总体计划、下一步行动计划是否需要修正及需要做哪些修正的判断和构想。①

当然，现实中的行动研究过程并不一定要完全符合上述螺旋模型，因为现实总是一种即兴的、创造性的情景。现实中的行动研究过程往往是这些程式的种种变式，或者是它们的简单化。②

6.5 行动研究的基本特征

科学研究领域之所以越来越重视行动研究，主要是因为行动研究能够利用实践中的变化引导实践本身的改进，检视实践发展的情况、工作原理及对这些问题的深入理解，还能够提供传统研究方法难以具有的发展性特征。归结起来，行动研究有问题导向、双重身份、螺旋式结构这三个基本特征。③

1. 问题导向

行动研究的目的是解决问题，在解决问题的过程中再从理论和实践层面反思问题。它与其他研究方法之间的最大区别就是，它以解决实践问题为导向，而不纯粹是理论研究，当然在此过程中生成新知识也是主要目标之一。它最终的目的是改进行动质量，完善工作方法，将行动与反思、理论与实践、参与和追求结合在一起，解决人们最迫切的问题。

---

① 张民选. 对"行动研究"的研究［J］. 华东师范大学学报（教育科学版），1992（1）：63-70.
② 诺曼·K. 邓津，伊冯娜·S. 林肯. 质性研究手册：方法论基础［M］. 朱志勇，王熙，阮琳燕，等译. 重庆：重庆大学出版社，2018：4.
③ 祁志伟. 行动研究在公共管理学研究中的实践面向［J］. 宁夏社会科学，2022（1）：178-186.

2. 双重身份

行动研究的独特之处在于行动者自己调查自己的实践。① 在行动研究过程中，被研究者不仅仅是研究对象，更重要的是他们也是研究主体，或者称为"实践者"或"行动者"，它解决了研究者与研究项目中行动主体之间的角色分割问题。在此过程中，行动者既是研究者，又是实践者，具有双重身份特征。

3. 螺旋式结构

行动研究的过程与一般研究的线性过程不同，是一个不断循环、螺旋上升的过程，包括计划、行动、实施和反思四个阶段。螺旋式结构的特色在于前一阶段解决的问题是下一阶段拟解决问题的起点。同时，可以依据社会情境、组织战略、人员变化和问题性质的改变去调整下一阶段的工作任务，以符合社会或组织的目标需求。行动研究的循环步骤与螺旋式结构带来的适度反馈问题，在一定程度上弥合了理论研究与应用研究之间的鸿沟，对于解决社会情境中的现实问题意义重大。② 根据以上分析，我们可以发现行动研究与一般研究之间的主要区别（表6-2）。③

表6-2　行动研究与一般研究之间的主要区别

对比维度	行动研究	一般研究
研究为了什么？	行动（已包含"理解"）	理解（可能后来也有行动）
研究为了谁？	当地人、研究机构、研究者	研究机构、研究者、职业兴趣
在选择研究方法时主要考虑什么？	赋权、相互学习	学科惯例、客观、真实

---

① 詹姆斯·克利福德，乔治·E. 马库斯. 写文化：民族志的诗学与政治学［M］. 高丙中，吴晓黎，李霞，等译. 北京：商务印书馆，2006：6.
② 诺曼·K. 邓津，伊冯娜·S. 林肯. 质性研究手册：方法论基础［M］. 朱志勇，王熙，阮琳燕，等译. 重庆：重庆大学出版社，2018：4.
③ 李小云，齐顾波，徐秀丽. 行动研究：一种新的研究范式？［J］. 中国农村观察，2008（1）：2－10，80.

续表

对比维度	行动研究	一般研究
当地人的作用是什么？	当地人参与确认研究问题、确定研究目标、制订研究计划、监测评估及散发研究成果等全过程	被动接受研究成果
强调的是什么？	过程（结果是过程的自然延续）	结果

6.6 行动研究的质量评价与应用趋势

行动研究也有质量评价问题，在行动研究过程中，知识的创造（往往发生在反思阶段）和检验（提出行动）之间密不可分。行动研究质量评价的首要指标应当是研究提出的行动方案是否能够促进社会问题或组织问题的解决，在此过程中研究者也可以反思知识的创造，反思是否可以形成针对某类问题的新理论，并为后续其他类似问题的解决提供新的指导。需要指出的是，行动研究要同时实现知识创造和行动方案完善的目标是很难的，多数情况下只要实现一个方面的目标就算比较成功的行动研究。例如，对于网格员制度执行悬浮问题的行动研究，在公共管理实践中，它算是一种比较新的管理模式，对实践问题的解决的研究可能更为重要，这个时候就可以侧重行动方案的提出。对于基层形式主义而言，它是长期困扰基层管理的一个重大问题，也是理论界长期关注的问题。如果行动研究还停留在某一类形式主义问题的研究层面，不能用公共管理的某些理论对它进行理论升华和提炼，那么这样的行动研究质量也不会太高。当然，这两项指标是从行动研究的结果来看的，行动研究过程中的质量问题也需要关注。例如，对于资料分析效度问题也需要关注。

陈向明总结、归纳了行动研究质量的衡量标准，可以从以下几个方面进行考虑：① 研究是否有利于发展和改善目前的社会现实，是否解决了实际的问题或者提供了解决问题的思路；② 研究是否达到了解放实践者的目的，使他们不再受到传统科学研究权威的压迫，提高了其从事研究的自信和自尊；③ 研究设计和资料收集的方法与实践的要求是否相容（如时间、经济条件、专业文化等）；④ 研究是否发展了实践者（如教师、社会工作者、护理人员）的专业知识，加深了他们对实践的了解，改进了他们的工作质量和社会地位，使他们的专业受到社会更大的重视；⑤ 研究是否符合伦理道德方面的要求，是否与具体情境下的行动目标相容。①

行动研究采用了"局内人＋外部学者"的研究模式，实现了研究与实践之间的衔接，极大地提升了行动研究的价值。这种研究方法在当代战略管理中被广泛关注，有学者依此提出了"战略即实践（strategy as practice）"的思想，即认为战略是在实践中形成的，而不是事先设计好的，在实践过程中经常要动态调整。②

近年来，行动研究在中国也被广泛使用，学界对行动研究方法的应用趋势如图6-6所示。

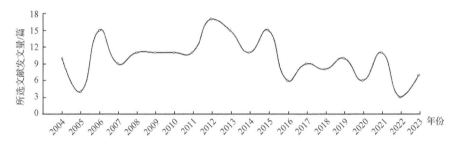

图6-6　中国学界对行动研究方法的应用趋势

当前行动研究主要应用于教育领域，在社会学及统计学领域也有应用。由于公共管理强调知识的应用与创造，与行动研究的内涵契合，且可以预测，因此，行动研究在公共管理领域也有着广泛的应用空间。

---

① 陈向明. 什么是"行动研究"[J]. 教育研究与实验, 1999（2）：60-67, 73.
② Vaara E, Whittington R. Strategy as practice: Taking social practices seriously [J]. Academy of Management Annals, 2012, 6（1）：285-336.

第 7 章

扎根理论

从研究方法论来看,目前中国管理学研究的重要特点是:重视定量研究,忽视定性研究,而定性研究中又非常缺乏对国际主流学界认同的规范方法论的运用。扎根理论方法论的创立和发展被认为是定性研究的重大突破。[1] 当前,只要是定性研究,几乎都会运用扎根理论的基本原则或具体操作程序。[2] 扎根理论首先被应用于社会学研究[3],之后逐渐扩散到护理学、教育学、宗教学和管理学等领域。

扎根理论(grounded theory)是一种定性研究范式,其主要宗旨是在定性资料的迭代比较分析的基础上建立理论。它认为研究者在研究开始之前不要先入为主地持有理论假设,而是直接从实际观察入手,从原始资料中归纳出经验规律,然后建构出理论。它是一种从下往上建构实质理论的方法,即在系统性收集资料的基础上寻找反映事物或现象本质的核心概念,然后通过这些概念之间的联系建构相关的社会理论。运用扎根理论一定要有经验证据的支持,但是它的主要特点不在于找到经验性,而在于从经验事实中提炼出新的概念和理论。在哲学思想上,扎根理论基于后实证主义的范式,强调对已经建构的理论进行证伪。

---

[1] 张梦中,马克·霍. 定性研究方法总论 [J]. 中国行政管理, 2001 (11): 39 – 42.

[2] 冯生尧,谢瑶妮. 扎根理论:一种新颖的质化研究方法 [J]. 现代教育论丛, 2001 (6): 51 – 53.

[3] Glaser B G, Strauss A L. Time for dying [M]. London: Routledge, 1968.

7.1 扎根理论的起源与定义

从实践来看，扎根理论方法起源于格拉泽和施特劳斯两人。20世纪60年代，他们在一所医院里开展了一项对医务人员照料即将去世的患者的实地观察，并且撰写了《觉知死亡》《发现扎根理论》等书籍，标志着扎根理论的诞生。[①] 从思想渊薮来看，其形成与两个方面的思想有关：一个是美国的实用主义，特别是杜威、G. 米德（G. Mead）和皮尔士（Peirce）的思想，他们强调行动的重要性，注重对问题的情境进行处理，在问题解决中产生方法；另一个是芝加哥社会学派，该学派广泛地使用实地观察和深度访谈的方法收集资料，强调从行动者的角度理解社会互动、社会过程和社会变化。此后，查马兹（Charmaz）、科尔宾（Corbin）等人继续推进扎根理论的研究，出版了《理论敏感》《社会科学质性分析》《建构扎根理论》《SAGE扎根理论手册》等著作。在格拉泽和施特劳斯提出"扎根理论"这个术语后的几十年里，该理论的发展呈现出四个特征：① 方法论持续拓展；② 扎根理论多元化发展；③ 对究竟"什么是扎根理论"有着激烈的争论；④ 理论和方法的整合在持续，尝试将它重新整合到质性研究的范畴中。[②]

"扎根理论"可以被定义为：一套逻辑一致的"发现"理论的资料收集和分析程序，用以捕捉和概念化社会环境中潜在模式的一种研究路径（approach）。其要义可以被总结为：研究的目的是生成理论，而理论必须来自经验资料（empirical data）；研究是针对一个现象系统地收集和分析资料，从资料中发现、发展和检验理论的过程；研究结果是对现实的理论呈现，通过系统地资料收集和分析程序而发现的理论被称为"扎根理论"。扎根理论的研究人员喜欢分析胜过量式，喜欢新鲜的概念类别（category）（在一个更抽象层次上组合起来的概念群）胜过预先设定的观点，喜欢系

---

① Glaser B G, Strauss A L. Awareness of dying [M]. Oxford: Taylor & Francis Group, 1965.
② 伍威·弗里克. 扎根理论 [M]. 项继发, 译. 上海: 格致出版社, 上海人民出版社, 2021: 5.

统聚焦的、连续收集的资料胜过大量同时收集的资料。[①] 它有四个核心特征：① 对于问题域很少有先入之见；② 资料收集与分析的并行；③ 对数据进行不同的诠释；④ 旨在构建中观理论。[②]

7.2 扎根理论的流派

到目前为止，扎根理论共形成了三个流派：自然涌现论（经典扎根理论）、互动涌现论（程序化扎根理论）和参与建构论（建构型扎根理论），如图 7-1 所示。[③] 一是由格拉泽和施特劳斯最初提出的经典扎根理论；二是程序化扎根理论，在原理论基础上对研究过程的操作规范进行了系统的程序化、公式化和概念化设定，提高了将扎根理论应用于研究的便捷度；三是由查马兹（Charmaz）提出的建构型扎根理论，强调研究过程的交互性与变动性、数据与分析的社会建构性。

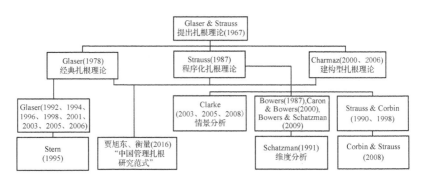

图 7-1 扎根理论流派

三个流派都强调从资料中生成理论，都采用连续比较、编码、备忘录和理论抽样等方法及程序，但依据不同的本体论和认识论基础形成了不同

---

① Charmaz K. Constructing grounded theory: A practical guide through qualitative analysis [M]. London: SAGE, 2006.

② 伍威·弗里克. 扎根理论 [M]. 项继发, 译. 上海：格致出版社, 上海人民出版社, 2021：109.

③ 贾旭东, 衡量. 扎根理论的"丛林"、过往与进路 [J]. 科研管理, 2020, 41 (5)：151-163.

的使用方法。经典扎根理论基于后实证主义,认为只要遵循一定的分析程序,资料自会涌现出来并反映背后的基本模式。程序化扎根理论基于实用主义和符号互动主义,注重参与者之间的互动和研究者与同行的互动,相信研究者理论解释上的专业性和中立性。建构型扎根理论在本体论上间接基于实用主义,但将研究者自身的参与影响及其与参与者的互动提升到了中心地位,认为理论尽管贴近现实,但属于一种多方建构的产物。由此可见,建构型扎根理论与程序化扎根理论的差异不在本体论上,而在认识论上,即基于建构主义(constructivism),前者不承认能产生中立或客观的知识。从逻辑上看,三个流派分别强调的是归纳、归纳和演绎并用及溯因推理。

三个流派都基于对数据资料的收集、整理、分析,建立相应的理论,以数据资料为研究的基础与最终落脚点,而不是在研究前预设假设进行逻辑演绎。三者的差别之处在于研究数据分析中的编码过程。经典扎根理论把编码分为实质性编码和理论性编码两部分。程序化扎根理论把编码分为开放性编码、主轴性编码、选择性编码三部分。建构型扎根理论没有固定的编码过程,强调研究人员在研究过程中的动态作用。在扎根理论出现以前,社会科学界大多存在理论性研究和经验性研究脱节的情况。作为质性研究方法,扎根理论的出现克服了以往宏观理论缺乏必要的经验性资料支持和经验性实证研究理论化建构不足的缺点。

7.3 扎根理论的哲学基础

1. 实证主义

实证主义又称"实证主义哲学",是强调感觉经验、排斥形而上的哲学派别。它产生于19世纪30—40年代的法国和英国,创始人为法国哲学家、社会学始祖A. 孔德(A. Comte),主要代表人物有英国的J. S. 密尔(J. S. Mill)和E. 斯宾塞(E. Spenser)。实证主义的基本特征是,将哲学的任务归结为现象研究,以现象论观点为出发点,拒绝通过理性把握感觉材料，认为通过对现象的归纳就可以得到科学，强调追求过程的科学化和客观性。

2. 诠释主义

诠释主义又称"诠释论"或"解释主义"，广义的诠释论认为实证研究实际上也是一种诠释，它是包含了实证研究的诠释论。实证的诠释研究重点在抽象、定量分析，以求做出具有普遍意义的推论和预测。广义的诠释研究综合以上两种研究策略，即对同一心理现象同时采取个案的、质化的和抽样的、量化的研究策略，既要具体的、个人现象的丰富性和生动性，又要科学的抽象、量化、推论与预测；既要避免个案研究的局限，又要防止实证的抽象推论造成的对人类经验的割裂。

3. 建构主义

建构主义是一种关于知识和学习的理论，它强调学习者的主动性，认为学习是学习者基于原有的知识经验生成意义、建构理解的过程，而这一过程常常是在社会文化互动中完成的。

7.4 扎根理论的特点

作为一种研究方法，扎根理论具有以下特点。

1. 强调"一切皆为数据（all is data）"及扎根于数据资料

在扎根理论中，数据资料是理论的唯一来源，其可被获取及利用的内容和范围可以包含一切，既可以包括不同类型的文本、文献，也可以包括各种研究方法所能获取的数据资料，如访谈、观察等，还可以包括研究者自身及研究对象的主观信息，如观点、经验等。研究者扎根于收集的原始数据资料，通过系统地逐层归纳分析，逐步抽象出理论。实践扎根理论时常忽略的数据来源是二手数据，即为其他目的而收集的数据，如著作、论文、调查数据等。此外，在我们所处的这个大数据时代，网络也是收集定性和定量二手数据的宝贵来源。

2. 扎根理论是一个连续比较、分析、抽象的过程

扎根理论强调研究者保持"理论敏感性",注重理论的生成和建构。在扎根理论实施过程中,理论建构需要在数据资料和最后结果间进行持续性的比较和抽象,同时在这一过程中,研究者需要对原始数据资料保持高度敏感,进而概念化和抽象出新的有价值的内涵、特征或属性,形成建构理论的基础。

3. 对理论严格的检验与评价

扎根理论拥有自己特有的话语与研究程序,生成的理论的完整性可以通过以下四个主要标准进行检验:① 理论与资料的高度匹配;② 能为所在领域的工作人员快速理解的程度;③ 理论的概括化程度;④ 在日常情景结构和行动随时间变化的时候,理论必须能够对其进行部分控制。

扎根理论的优势在于:从经验事实中抽象出新概念和新思想,完成经验层次向理论层次的"跳跃";属于一种事实解释,即收集事实后的主观解释,这种解释与观察到的事实一致,但不是唯一的,从同一事实可以"跳跃"出不同的理论解释。其劣势在于:首先,无法在多种可能的理论解释中判断或检验哪一种更真实可信(由经验观察出发的社会研究的共同缺陷);其次,所依据的经验证据是由不完全归纳提供的,缺乏必然的可信性,今后一旦发现一则反例,则全部理论都会被推翻。

7.5 扎根理论研究的过程

扎根理论有着三种不同的取向,不同流派有着不同的方法论主张。虽然具体的操作侧重点各不相同,但是各个流派的扎根理论学者的具体研究路径基本相同,即收集资料、分析资料、对资料进行比较和再分析、形成理论并写作。

1. 收集资料

(1) 资料的来源

扎根理论主要运用访谈与观察来收集资料，因此，资料大部分为第一手田野数据。扎根理论中的"观察"指的是带着明确的目的，用自己的感官和辅助工具直接地、有针对性地了解正在发生、发展和变化着的社会现象。观察法强调"参与"，是一种"在场"资料收集方法，研究者必须深入研究对象的现场。扎根理论中的访谈法主要是非结构化访谈，它区别于定量研究问卷调查中缺乏弹性与灵活性的结构化访谈。非结构化访谈是一种深度访谈抑或自由访谈，在访谈过程中并不依据事先设计的问卷和固定的程序，而只是由访谈者与受访者围绕某个主题或范围进行日常生活闲聊式的交谈，以获取深入细致的、生动丰富的质化资料。除此之外，图书馆的档案、政府的档案、公报、年鉴、日记、信件等都可以作为资料的来源。

(2) 资料的抽样

扎根理论使用"理论抽样"来完成资料的收集，理论抽样是指在已经确认的理论和相关概念的基础上进行抽样。为保证抽样对象的代表性，抽样对象必须为与理论具有相关性的事物。进行理论抽样时，在第一轮开放式地收集资料之后，要更有针对性地运用演绎的方法，对粗放的资料进行编码后再次进行抽样分析。在一轮理论抽样之后，可以继续使用选择性抽样来对资料进行分解。研究者处理好资料分解的问题，才能发现某些可能忽略的、需要处理的资料问题。

(3) 资料的饱和

扎根理论认为抽样和资料收集工作要一直持续到研究范畴内的资料达到"理论饱和"为止。如果收集的新资料不能再产生新的理论见解，也不会跳出已经编码的资料范畴，则可以说明资料收集已经达到"理论饱和"。而互动涌现论流派认为，饱和是经扎根理论归纳出的理论没有新属性出现的状态，并提出了"概念密度"，扎根理论的理论结果的完整性主要取决于其概念密度。但是，戴伊（Dey）对饱和理论提出了挑战，认为类属饱和本身就是扎根理论研究者收集资料时进行控制的人造产物，来自研究者自身的推测,并不十分准确。

2. 分析资料

在扎根理论中,研究资料的分析过程与资料收集的过程实际上是同时进行的。扎根理论研究在不断收集和比较资料的同时,还会对资料进行编码登录的工作。[①] 程序化扎根理论的编码过程具体由开放性编码、主轴性编码和选择性编码三种编码方式构成。开放性编码是初始阶段忠实于原始数据资料逐条逐句的初步分析,使数据资料初始概念化。主轴性编码是在开放性编码的基础上厘清各个初始概念及概念之间的相互关系和类属关系,通过对这些概念的反复比较与思考,整合出更高抽象层次的几个主范畴,并确定相关范畴的性质和维度。选择性编码是系统处理从原始数据资料中概括出来的主范畴之间的关系,并确定核心范畴和次要范畴,从而形成建立在主范畴关系基础之上的扎根理论。按照扎根理论规范,编码流程如图7-2所示。

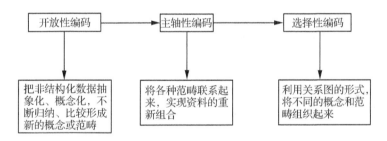

图7-2 扎根理论编码流程

开放性编码需要识别数据资料中出现的一个或多个概念的事件,并且使用编码对一个或两个突出的词语进行标记,被标记的词语最好是动词,以捕捉概念中表示的动作。编码过程旨在对原始数据资料进行初步的、全面的、完整的解读,表现为对原始资料逐句逐行进行编码,也即"贴标签"、"定义现象"或"建构初始概念"。在这一编码过程中,尽量选取受访者的原话对现象进行命名。在逐句逐行编码之后,联系并比较数量繁多、存在交叉且重复的"标签"或"现象",这是完成初步的概念化和范

---

① 何雨,石德生. 社会调查中的"扎根理论"研究方法探讨 [J]. 调研世界,2009 (5): 46–48.

畴化提炼。格拉泽提到两种类型的实质编码：原生编码和分析编码。① 原生编码被描述为准确捕捉所发生的事情（如保持冷静），分析编码是从理论上解释发生了什么（如身份维护）。因此，原生编码是概念识别的最初成果，分析编码提高了概念抽象的水平。

主轴性编码（贴合研究问题）是在对全部的原始数据资料进行逐句逐行的提取、分析和归纳后得出的初始范畴，将以一定的线索和关系（如相似关系、因果关系、先后关系等）通过聚类分析焦点为主轴编码过程。在主轴性编码过程中，要特别注意原始语境与背后意蕴，保证初始概念间关联的合理性。

选择性编码是将主轴性编码过程形成的几个核心主范畴进行进一步关联，抽象和确定核心范畴，在这一核心范畴下，几个主范畴形成典型关系结构，建构具有故事线的理论模型，并对其结构关系内涵进行阐释。在选择性编码中，研究者只将编码限定于用足够重要的方式产生简约理论的、与核心类别相关的概念（变量）。如果一个概念，无论其新颖性还是研究者的个人偏好，都与核心类别无关，那么在后续的分析和理论阐述中就可以将其删除。这样，核心类别就成为进行进一步数据资料收集和理论抽样的指南。

撰写备忘录是理论思想通过编码和持续比较分析而产生核心概念的处理过程。备忘录是研究人员对数据和类别之间的概念产生的关联的理论注释。撰写备忘录是一个持续的过程，它有助于将数据资料提升到一个概念化水平，并开发每个类别的属性。正如格拉泽所指出的，备忘录的目的是激发和捕捉来自编码及持续比较分析的概念与想法。这样做完全摆脱了正常写作的限制（如语法），建立了一个捕捉思想的基础，以促进一个丰富、密集而又简洁的理论的整合。

撰写备忘录是介于编码和最终分析初稿写作之间的步骤。这一步骤可以激发研究者的思想，促使研究者以新的方式看待数据资料和编码。一般来说，扎根理论的备忘录应该包括三个部分：① 编码的记录；② 理论性摘记；③ 以视觉方式呈现的逻辑图表。

---

① Glaser R. Structural requirements in chiral diphosphine-rhodium complexes—XII [J]. Tetrahedron, 1978, 34 (24): 3617-3621.

3. 对资料进行比较和再分析，形成理论并写作

扎根理论有时也不一定能产生理论，但最后要尽可能形成一个理论，而且呈现出比较有意思的结果。扎根理论最后的呈现要满足下列要求：① 一个清晰的分析性故事；② 在概念层面书写，描述放在第二位；③ 清晰说明类属之间的关系，对类属的概念化也要力求清晰；④ 详细说明变异及其相关条件、结果等，包括这些要素的宽泛层面。①

扎根理论的最后呈现也要考虑信度和效度等问题，在此过程中要展现数据发现的基础、写作推理的逻辑基础和方法应用过程。最后的呈现是否达到了理论生成的标准，可以参考哈默斯利（Hammersley）的标准，包括以下几个方面：① 通用或形式理论产生的程度；② 理论的生成程度；③ 研究结论的新颖性；④ 研究结论与经验观察和报告中的代表性案例的一致性；⑤ 描述对于读者和研究对象的可信程度；⑥ 研究结论在其他背景下的可拓展性；⑦ 对叙事的事后反思。②

7.6　扎根理论应用的前提条件与限度

扎根理论研究者应该把与自身相关的问题及自身的社会学知识储备引入数据资料分析中。如果研究者没有一定的专业知识储备，很难从原始数据资料中抽象出一般的理论。一位扎根理论研究者应该具有很强的分解和整合资料的能力，不仅要有对资料的提问能力，还要有反思性建构（备忘录）自己理论的能力。

扎根理论需要研究者对资料中可能隐含的理论信息具有敏锐的感觉。扎根理论需要研究者对所研究的资料充分理解，从而充分解释所获资料的真实内涵。扎根理论研究者要想提升理论的敏感性，必须充分阅读文献资

---

① 伍威·弗里克. 扎根理论 [M]. 项继发，译. 上海：格致出版社，上海人民出版社，2021：102.
② 伍威·弗里克. 扎根理论 [M]. 项继发，译. 上海：格致出版社，上海人民出版社，2021：109.

料，积累充足的专业研究相关经验，具有丰富的与问题相关的个人生活经验。

扎根理论作为源于社会学的研究方法，毋庸置疑是从属社会学的方法论范式。一方面，它从社会学中汲取养料并取得长足的发展；另一方面，它构建并完善了社会学的知识体系。① 然而，随着学科的综合化与细分化，扎根理论在其发展过程中又走出了社会学的语境，成了管理学、生理学、教育学等学科的共享方法论范式。扎根理论的主旨是建构理论，是要在丰富生动的资料基础上创造性地发现和发展新理论，但它既反对过于宏大的、脱离现实生活的理论，也反对经验主义的、微观的操作性假设，而是主张建立介于这二者之间的、适用于特定时空的中观理论。

扎根理论强调研究者不能对事先设定的假设进行逻辑推演，而要直接从资料入手进行归纳分析，从而使理论具备经验事实的依据，经得起事实的检验；强调理论扎根于所收集的资料，这也是该方法被称为"扎根理论"的原因所在，所以扎根理论可用来指导人们具体的生活实践。一方面，扎根理论遵循严谨、科学、可验证等自然科学定量研究的原则；另一方面，采用质性研究资料收集方法的扎根理论也保留了研究的深度、效度与弹性，期望同时实现理论性与具体性，其系统化的资料收集程序与分析策略使它在质性研究方法中独具特色。此外，需要指出的是，理论建构并非扎根理论的唯一内容，研究者必须用收集到的资料验证理论，只有系统地完成了建构理论与检验理论两个步骤，才算结束了一个完整的"扎根理论"研究。

---

① 朱德全，曹渡帆. 教育研究中扎根理论的价值本真与方法祛魅 [J]. 清华大学教育研究，2021，42（1）：67-76.

第 8 章
▶▶ 基于质性分析的案例研究设计

8.1 案例研究的定义与基本特征

历史上有非常多深刻的理论来源于有趣的案例研究。比如,爱因斯坦(Einstein)在"奇迹年"(1905年)发表的论文中对一个个实验案例的深度观察(包括狭义相对论和质能守恒定律),形成一系列"思想实验",并用一支铅笔描绘出来的原始思想。又如,达尔文(Darwin)的物种进化论可以说是基于一系列精心进行的不同物种的个案研究。他通过大量实地考察,收集资料、标本、化石及阅读书籍,建立了基于不同物种的案例资料库,从中发现物种在不断变化中由低级到高级、由简单到复杂的演变过程。究其本质,这些案例研究都源于研究者对某一事件、物体、人物等本身感兴趣,从而进行细致的观察、资料收集、证据分析,并从事件中窥探本质,得到启示和洞见。

案例研究本质上强调的并非方法层面的运用,而是一种聚焦,专注于一事或一物,从多个角度深入观察,细致入微、抽丝剥茧地打量、分析事件。斯泰克(Stake)① 对"案例研究"进行定义并提出,案例研究不仅是方法论意义上的一种选择,更是研究内容上的一种选择……不管采用什么

---

① Stake R E. Qualitative case studies [M] //Denzin N K, Lincoln Y S. The SAGE handbook of qualitative research. Thousand Oaks: SAGE, 2005.

方法，研究者都选择研究这个案例。研究者可以用分析的方法，或者重复测量的实验研究方法，或者诠释的方法，或者有机不可分割的方法，或者文化学意义上的方法，或者以上方法的混合——但研究者聚焦的是这个案例。

从事案例研究时，研究者是对作为一个整体的事件本身感兴趣的，无论是想研究一名患者的就医过程，还是想观察一个青少年社团内部的人际关系，或者一个企业或组织的成长过程及转型方式，这些现象中令你感兴趣的是事件或对象本身的独特性和完整性。

案例研究通过对一个事件大量而细致的研究，从多个角度观察研究对象，这样就能进一步发现研究对象"为什么"和"如何"发生及其变化方式和路径。虽然没有赖以做出归纳的大样本，但是通过对典型个案的研究来收集大量充分的证据，尽可能"深挖"，渗透到研究对象的方方面面，寻找研究对象发生、发展的点点滴滴，由此便能获得对案例整体、全面的认识。历史哲学家福柯（Foucault）等提到，人文社会科学中的探究往往始于从一个方向切入考察研究对象，经由几个方向的细致考察，一个有关研究对象的更加全面、丰满、平衡的图像才得以建立，由此我们获得了立体三维图像。①有学者曾用"贴近真实"来形容这一过程。② 保持与研究对象之间的联系并不断用个人的经验和智慧进行思考，正是这种贴近真实避免了方法论的固定公式，使得案例研究特别擅长激发批判性、创造性地解决问题，鼓励、支持并理解不同研究背景下的多元性。

不同学者曾对案例研究进行了定义，表 8-1 梳理和总结了案例研究的一些经典定义及其对应的基本特征。

早期拉金（Ragin）和贝克尔（Becker）指出案例研究相比于其他研究更强调在自然情境下的选择③，不控制变量。其以个案为导向的方法将个案而非变量置于中心位置，强调情境化的条件。

---

① Foucault M, Agulhon M, Castan, N, et al. Questions of method-an interview with Foucault, Michel [J]. Ideology and Consciousness, 1981 (8): 3–14.
② Flyvbjerg B. Five misunderstandings about case-study research [J]. Qualitative Inquiry, 2006, 12 (12): 219–245.
③ Ragin C C, Becker H S. What is a case?: Exploring the foundations of social inquiry [M]. 11th ed. Cambridge: Cambridge University Press, 1992.

表 8-1　案例研究的定义与特征描述

个案研究者	定义	特征
拉金（Ragin）和贝克尔（Becker）（1992）	以个案为导向的方法将个案而非变量置于中心位置。但什么是个案？对于这个问题，比较社会科学有一个现成的、约定俗成的答案，即由地点和时间段的边界来定义个案	• 自然情境下的选择，不控制变量 • 强调情境化
斯泰克（Stake）（2005）	个案研究不仅是方法论意义上的一种选择，更是研究内容上的一种选择。不管采用什么方法，我们因为研究主题选择这个案例，可以用分析的方法、重复测量的整体研究方法、诠释的方法、有机不可分割的方法、文化学意义上的方法，或者以上方法的混合。但是我们聚焦于这个案例	• 强调研究内容和主题，而不是研究方法 • 强调聚焦，多角度深入观察
西蒙斯（Simons）（2014）	从多个角度对现实生活中某一特定的项目、政策、机构、方案、制度的复杂性和独特性进行的深入探索。它以研究为基础，涵盖不同的方法，以证据为导向，其主要目的是深入了解某一专题、方案、政策、机构或制度，以生成知识，并指导政策制定、专业实践、公民或社区行动	• 强调案例的复杂性和独特性 • 强调真实情境
托马斯（Thomas）（2022）	• 作为"容器"的"case"，案例研究强调案例的包容性和复杂性。可把容器想象成一个盒子或旅行箱，关上这个旅行箱它就是一个"有边界"的盒子，包括了装在其中为旅途准备的一切东西。作为探究者，我们感兴趣的是这个容器内不同元素的相互碰撞、组合，以及以不同方式融合或解体的多种复杂形式 • 作为"事件"的"case"，案例研究强调特定的实例、事件、意外发生的事情或与这些紧密相关的系列情境。与有形的旅行箱不同，因为它并不界定客体的参数，而更多涉及一组条件和状态，具有偶然性、特异性或特殊性 • 作为"理由"的"case"，案例研究强调一件事与另一件事相关或一件事可能引起另一件事的理由，涉及从实际经验中获得论证来证明前期推理和结论。本质上，它是连接研究者所观察的要素间关系的论据	• 强调客体的包容性和复杂性 • 强调条件或状态的情境完整性 • 强调要素间整合的论据、分析框架

95

西蒙斯提出案例研究反映真实情境下事件的复杂性和独特性[1]，是从多个角度对现实生活中某一特定的项目、政策、机构、方案、制度的复杂性和独特性进行的深入探索。它以研究为基础，涵盖不同的方法，以证据为导向，其主要目的是深入了解某一专题、方案、政策、机构或制度，以生成知识，并指导政策制定、专业实践、公民或社区行动。

托马斯对"case"这个词做了语义分析，认为"case"源于与其发音相似的拉丁词根派生后的变体，他从三个维度剖析了案例研究的本质：① capsa，意指容器、盒子，强调案例作为一个对象，其整体的包容性和复杂性。② casus，意指事件、事故，强调所发生事件下的真实情境。③ case，意指理由、论据，强调事件背后的证据链、论据与逻辑框架。[2]本书通过借鉴托马斯对案例研究的界定，具体探讨案例研究的核心特点。

首先，作为"容器"的"case"，案例研究强调案例的包容性和复杂性。可把容器想象成一个盒子或旅行箱，关上这个旅行箱，它就是一个"有边界"的盒子，包括了装在其中为旅途准备的一切东西。作为探究者，我们感兴趣的是这个容器内不同元素的相互碰撞、组合，以及以不同方式融合或解体的多种复杂形式。维特根斯坦（Wittgenstein）曾在《逻辑哲学论》中阐述：世界上每件事都是个案。[3]作为探究者，我们所感兴趣的世界是由事实、事态和物体组成的，所有这一切都与另一些事实、事态和物体持续关联。就好像盒子中不计其数的原子，它们相互碰撞，以不同的方式组合在一起。在这个"有边界"的空间中，元素通过无数种方式组合在一起，其结果本质上是高度复杂的。

其次，从事件角度，案例研究强调研究所发生事件的相关真实情境，即特定的实例、事件、意外发生的事情或与这些紧密相关的系列情境。与从容器视角去界定客体参数不同，事件观更加强调案例发生、发展下的一组条件和状态。斯泰克曾说：案例研究旨在研究单个案例的特殊性和复杂性，以了解其在重要情境下的活动情况。真实情境展现了事件的复杂性，

---

[1] Simons H. Case study research in practice [M]. London: SAGE, 2009.
[2] Thomas G. How to do your research project: A guide for students [M]. 4th ed. London: SAGE, 2022: 1-100.
[3] Wittgenstein L. Philosophical investigations [M]. New Jersey: Wiley-Blackwell, 2009.

并聚焦于事物在某一特定环境下的发生及发展。[1] 特定情境下事件的发生往往具有偶然性,所以不像问卷或实验研究往往使用方法来定义研究本质,案例研究是基于某个事件本身内容与主题上的独特性与特殊性而展开的。它不是抽象概念上的模糊,而是具体事实上的清晰,所以不能假定个案在任何方面都能代表一个更广泛的整体——它是由研究者描述的特定情境所定义的事物。

最后,从理由、论据角度,案例研究强调逻辑分析框架,即某一事件的发生和另一事件的逻辑关联,通过从实际经验中获得论据来证明前期推理和结论。摆出的论据好比把所有不同的元素组合在一起的线索,让研究者看到元素与元素间的关系和发展方向。随着研究的深入和论据的不断积累,分析的焦点会逐渐形成、延伸并拓展。而个案的出现、延伸与拓展的方式才是研究的核心意义,其构成了研究的问题、目标和概念分析框架。

8.2 案例研究的逻辑与范式

1. 研究逻辑

过往研究对社会科学研究的开展形成了两条广泛的逻辑路径。一条路径是通过收集关于议题的大量数据,从中做出归纳式的推论;另一条路径是对于某些问题,我们最后从具体的案例中发现一些东西。一部分传统学者假定,所有社会科学研究都是基于相同的基本原则,即强调抽样、概括和归纳。归纳是根据从经验中收集到的大量观察调研结果得到一个普遍原则的过程,概括归纳的终点是一般性理论(图 8-1)。

图 8-1 归纳逻辑下的理论归纳与验证

---

[1] Stake R E. The art of case study research [M]. London: SAGE, 1995.

从归纳推理中直接验证理论时，我们假定了事件总会发生的过程，然而其中其实省去了大量对理论的预期。在社会科学中，事件发生的偶然性是不可避免的，特别是在当今——我们身处一个外在环境不断变化的VUCA［Volatility（易变性），Uncertainty（不确定性），Complexity（复杂性），Ambiguity（模糊性）］时代，也正因为如此，社会科学研究充满了复杂性、多元性与独特性。对理论的预期、试探，获得特定场景下的管理启示是管理学应对外在多变的市场环境和组织发展的关键课题。案例研究在理论探索中扮演了至关重要的角色，如1924—1932年美国哈佛大学教授梅奥（Mayo）主持的在美国芝加哥郊外的西方电气公司霍桑工厂所进行的一系列实验。当时关于生产效率的理论占统治地位的是劳动医学的观点，认为影响工人生产效率的是疲劳和单调感等，于是当时的实验假设便是提高照明度有助于减少疲劳，使生产效率提高。古典管理理论强调社会是由一群无组织的个人组成的，他们在思想上、行动上力争获得个人利益，追求最大限度的经济收入，即"经济人"假设。基于生产效率理论，研究提出假设：工厂照明的质量和工人工作的疲劳度有关系，并会直接影响生产效率。

可是经过两年多反复实验发现，照明度的改变对生产效率的影响并不显著。具体结果发现：当实验组照明度增大时，实验组和控制组都增产；当实验组照明度减弱时，两组依然都增产，甚至当实验组的照明度减至0.06烛光时，其产量亦无明显下降；直至照明度减至如月光一般、实在看不清时，其产量才急剧降下来。实验结果无法对理论假设起到验证作用，而研究者面对此结果也无法解释工厂效率低的具体原因。

为了探究深层原因，研究者在工厂内部开始了深入访谈。此计划的最初想法是让工人就管理层的规划和政策、工头的态度和工作条件等问题做出回答，但在访谈计划进行的过程中，研究者发现了一些意料之外的事件，并由此得到了一些意想不到的研究结果。通过深入访谈和参与式观察，研究者和工人建立了信任关系，并了解到工人认为重要的事情并不是那些公司或调查者认为意义重大的议题，如提高工资和效率的议题。然而，工人谈到了很多访谈提纲以外的事情，包括工作中的困难与意见。每次访谈的平均时间也从事先规定的30分钟延长到1~1.5小时，每次访谈都详细记录每名工人的不满和意见。

在访谈计划持续的两年多时间里，工人的产量出乎意料地大幅提高。工人们长期以来对工厂的各项管理制度和方法存在许多不满，但无处发泄，访谈计划的实施恰恰为他们提供了发泄机会。发泄过后心情舒畅、士气提高，产量亦得到提高。这一系列案例研究也使后续古典管理理论在理性"经济人"假设的基础上引入了新的理论思想，即"社会人"与"非正式组织"的重要概念要素，其强调员工满意度、企业文化与员工价值实现间的匹配等柔性元素，对古典管理理论做出了修正和补充。

理论的发展往往走在一条不断探索和修正的道路上，即沿着溯因推理的路径前进。案例研究是帮助行业实践者和研究者发现新现象并深入探究的重要工具（图8-2）。皮尔士提出，溯因推理始于产生想法和试探性的理论，而这些想法和试探性的理论成了初期假设的说明性概念。溯因推理之后连接着演绎推理，为了验证这些初期假设的说明性概念，进一步系统地收集数据；最终连接归纳推理，试探性的理论通过归纳推理被验证或否定。这套思维帮助研究者贴近社会现实，发现并提炼出新见解，总结归纳出新思想或新模式，从而为理论的建构与发展奠定基础。

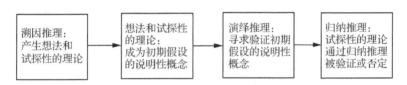

图8-2　溯因推理逻辑下的理论演绎试探与归纳验证

托马斯和詹姆斯（James）提出，从归纳推理中获得理论验证的假设必然意味着对社会科学研究中无法实现的理论结构和可靠性的坚持。[①] 传统实证归纳通过对可公开的证实性数据的种类和数量做必要限制来达到理论的一般化和标准化，而社会生活具有偶然性。麦金太尔（MacIntyre）强调理论失败的原因有很多（理论是准归纳的一部分），所有这些都取决于现实社会世界系统的不可预测性。就社会科学而言，探索不可预测性总是会赢过可预测性。[②] 社会科学研究中只有那些不值一提的事情才是可预测

---

① Thomas G, James D. Reinventing grounded theory: Some questions about theory, ground and discovery [J]. British Educational Research Journal, 2006, 32 (6): 767-795.

② MacIntyre A. After virtue: A study in moral theory [M]. 2nd ed. South Bend: University of Notre Dame Press, 1984.

的，而这不需要用任何复杂的方法来告诉我们。毛基业和李亮指出，传统的大样本定量研究通常用来对因素理论进行检验，虽然因素理论可以清楚地展示管理现象中的因果关系，但它排除了时间这一要素，假定组织处于一种平衡的状态，因而难以使读者理解现象中的因果关系是如何形成的。①不少学者提出，我们需要摆脱伴随归纳过程的对普遍性知识的期待。相应地，有必要向溯因推理和实践智慧的"典范性知识"迈进。菲什（Fish）指出，随着环境的变化，"规则的含义"也会变化，我们所获得的和积累的实践智慧具有可塑性和矫正性。②"典范性知识"是指在别人的经历背景中看到或听到，但在自己的情境中使用的知识。由此可见，社会科学中，构建实践性智慧与之相对的理论启示的重要性。溯因推理帮助研究者在不同情境中获得与之相关的解释和洞见，其有效性不再来自对一套理论体系或普遍性知识的参考，而来自所提供的他人的经验与自己的经验之间的联系和洞察力。

2. 研究范式

在研究逻辑方面，我们讨论了社会科学或管理学中的案例研究往往遵循溯因推理的路径。下面将从本体论、认知论和方法论等宏观角度，分析案例研究在不同哲学范式中所扮演的独特角色。通过对管理科学理论与实践范式演进中最有代表性的三大经典哲学范式，即实证主义、后实证主义和建构主义的分析，讨论案例研究在基本哲学框架体系中的位置与特点（表8-2）。③

从本体论角度，实证主义认为客观上存在一种可以研究、捕获或理解的外在实体。现实世界是可以被理解的，我们可以通过使用各种研究工具和方法，通过建立可操作性的变量，测量数据—反复实验—操控变量—检验结果，从而还原真实客体。早期的管理学研究聚焦于以定量研究为主导的实证研究，无论是古典管理理论强调社会是由一群无组织的个人组成

---

① 毛基业, 李亮. 管理学质性研究的回顾、反思与展望 [J]. 南开管理评论, 2018, 21 (6): 12-16.

② Fish S. Doing what comes naturally [M]. Durham: Duke University Press, 1989.

③ Denzin N K, Lincoln Y S. The SAGE handbook of qualitative research [M]. 2nd ed. Thousand Oaks: SAGE, 2005.

的，他们在思想上、行动上力争获得个人利益，追求最大限度的经济收入，即理性"经济人"假设，还是通过工具性测量方法，如实验研究对变量进行操控和测量，验证假设的真伪。我们对外在客观世界的认知报以朴素现实主义思维，认为现实是客观形成的，是"真实的"且可以被还原、被分割为可理解的变量。

表8-2 三大经典哲学范式及案例研究在其中扮演的角色

类目	实证主义	后实证主义	建构主义
本体论	朴素现实主义："真实的"且可以被理解的现实	批判现实主义："真实的"但不能被完美地理解，而仅是概率性地理解的现实	相对主义，历史现实主义，由社会、政治、经济、文化、族群和性别价值观塑造；随着时间的推移而成形，当地具体建构、合作建构的现实
认知论	二元论、客观主义；结果是真实的	修正的二元论、客观主义；批判传统、社会；结果很可能是真实的	交互性、主观主义；结果是价值引导的且可创造的
方法论	实验的、可操控的；验证假设；主要为量化研究方法	改良的实验，非操控；批判多元论；证明假设是错误的；融入质性研究方法，包括案例研究、观察研究	对话的、阐释学的、辩证论的；融入质性研究方法，包括案例研究、参与式行动研究、扎根理论研究等
研究目的	预测与控制	改革与探索	理解与再建构
知识的本质	已被验证的假说，被确定为事实或规律	未被证明为错误的假设，很有可能是事实或规律	结构的、历史的洞见
知识积累	形成现有知识的归纳与因果联系	对知识添砖加瓦；因相似性而加以归纳	历史修正主义；更为复杂的知识再建构
质量标准	传统的"严谨性"标准：内外效度与信度	客观性、可信度、真实性	可信度、真实性、行动激励

后实证主义则认为，实体从来就不可能被完全把握，只可能被无限接近，其秉持着整体论的认知，认为客观世界是一个庞杂多元的体系，个体在整个体系中扮演着不同角色，具有多元性和能动性，真实的世界对不同个体存在不同理解。所以，当解读这个世界、某个社会现象或心理时，如

果不考虑整个体系背景，现象就无法得到充分理解。后实证主义强调辩证地看待世界，而不是一分为二的世界观。为了认识复杂的世界，需要依赖多种方法，尽可能多地捕获实体的方方面面，从而贴近现象背后的真实本质。

与实证主义在多样性中寻找相似性，形成对现有知识的归纳相比，后实证主义往往注重运用实践中的推理，擅长形成工艺知识或隐性知识——由经验而知的东西。这是我们在实践中学到的知识，只有在特定的案例中才能得到解释，不能把这种知识简化为一般性原则来传播。所以，未被证明为错误的假设，很有可能是经验下的事实或规律；而关于知识积累的方式，相对于实证主义为了实现准归纳和一般性，后实证主义强调对知识添砖加瓦，形成不同场景下的经验知识。

很多学者总结了两种范式本质上的分歧，提出分歧的产生与特定的个别事件和更大的整体性图景之间的关联，以及研究者能在多大程度上使用个别事件来建立研究者可以解释和预测的定律或理论相关性。在自然科学中是合理的，但在社会科学中则不然。前者研究的事物具有这样的稳定性，即定律可以一种被证明对解释和预测有用的方式总结出来，而社会科学中，研究对象具有随机曲折性，通过建立稳定的定律来可靠地解释和预测往往毫无意义。案例研究遵从的是一种宽泛的认识论而非简单的实证主义，其强调一种整体地看待问题的方法；在理解现象的过程中，不能分离地看待各个组成部分，应该把各个组成部分视为互相联系的元素。当然，传统的实证研究也有用到案例研究，如操控性的实验案例，但是案例研究在后续的研究范式中通过和质性研究多种方法的融合，发挥了更重要的价值。

考虑到社会科学中事件的发生充满了偶然性、多元化和不可预测性，后期研究更多转向一种建构主义价值观，强调主体的行动由整个社会、政治、经济、文化、族群和性别价值观塑造；同时，主体又具有主观能动性，其意义在于通过与客体的互动，参与和建构现实，理解世界。其中的关键思想是，思维不是独立地、单独地感知事物，而是作为各组单元一体化的整体加以运作的。所以，人类的思维模式和动物不同，我们从看似不相关的现象中赋予意义，总结出说得通的模式，甚至参与到现象的解构和重构中，从而创造新的模式和意义。

第8章 基于质性分析的案例研究设计

在这一阶段的社会科学发展观中，案例研究更是起到了不可或缺的作用。通过呈现自然状态下的多种情境，观察个体或对象行为并参与到其与情境的互动中，赋予理论新的意义。正如戈夫曼（Goffman）所说：人类解释或定义彼此的行为，而非仅仅对彼此的行为做出反应。他们的反应并不是直接针对彼此的行为，而是基于他们对这些行为的理解。因此，人类的互动是通过使用符号、解释，或者确定彼此行动的意义来实现的。[1]

8.3 案例研究的分类

案例研究的一个主要目的是通过对独特的或某一场景下的极端案例进行深入探索，发现一些试探性的新理论假设，或者激发读者对现实或现有理论的批判性思考。探索性案例研究往往针对一些初期形成的现象，在管理学中，这些现象既可以来自某些场景下的经典案例，也可以来自一些反常识的现象案例。本节我们对过往的案例研究做了梳理，把案例研究根据主题类别总体分成两个大类——典型性示范案例、批判性极端案例（表8-3），并对每类案例研究的主题类别、意义、研究目的和概念分析框架的一些特点加以归纳，以便研究者更好地理解案例选择的意义。

表8-3 案例研究的分类

主题类别	意义	研究目的	概念分析框架
典型性示范案例	经典的、有代表性的、示范性的关键案例	提炼最佳实践，挖掘案例中的关键要素，形成理论检验、补充，得到管理启示	在原有的理论框架中，补充新的概念要素，关注要素间的相互关系
批判性极端案例	批判性案例或反例、特例	激发批判性思考，发现现有理论的局限性，提炼新的概念、理论来描述这种异常个案	重构原有理论框架中的概念解释，发现不同维度的要素，描述不同情境下的意义，形成可理解的多面体

---

[1] Goffman E. Forms of talk [M]. Philadelphia: University of Pennsylvania Press, 1981.

介绍案例研究的不同类别并不是要让研究者根据类别选择某项研究进而使用这个方法,实际情况中,研究者会遇到千差万别的、有趣的、融合的、无法归类的案例。介绍案例研究的不同类别是为了让读者对案例研究往往聚焦于哪些问题有一个综合的理解,或者说了解什么样的研究问题和主题特别适合采用案例研究。

1. 典型性示范案例

在管理学中,一个新的理论范式的提出往往伴随着大量探索性案例研究。对经典管理学案例进行分析与挖掘,能提炼最佳实践,形成理论检验、补充,从而得到不同场景下的管理启示。一些探索性案例研究在不同的研究时期和阶段被提出。现以生产管理理论的演化为例。20世纪80年代后期,日本企业家大野耐一(Taiichi Ohno)通过对丰田汽车装配工厂生产方式的案例解析,提出了精益管理实践(lean production)与细胞式生产方式(just-in-time)等制造管理思想。① 通过班、系、科、部的组织方式,强调组织细胞间的协同,即通过对每个单元的控制,达到节约成本的效果。该管理思想主要关注生产组织内要素与要素间的协同方式。经分析经典案例,很多企业运营管理的研究学者提出了供给推动的生产方式的概念框架(图8-3)。在这个分析框架内,影响企业与供应链效率的核心来自精益生产带来的一系列关键因素,其中包括内部物料控制、精益生产流程控制、流程持续改进等。之后,引发了大量的实证研究,以此来检验这些因素与生产效率间的关系。

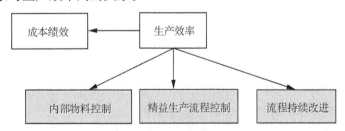

图8-3　推式主导的供应链管理理论概念框架

---

① Ohno T. Toyota production system: Beyond large-scale production [M]. New York: Productivity Press, 1988.

20世纪90年代后期,费舍尔(Fisher)通过经典的金宝汤公司的案例,提出了供给端的供应链要素不单单决定其绩效,基于产品需求特征设计的供应链与生产方式往往能够给供应链带来更多的价值。① 该思想框架挑战了原有企业运营管理中以生产为主导的推式供应链运营模式,提供了一种基于需求特性的拉式供应链运营模式(图8-4)。其关注生产组织外的其他供应链节点,包括消费端的基本要素:需求识别、订单管理、物流、仓储、配送等与生产间的跨部门协同,从而达到持续补货(continuous-replenishment system)与敏捷管理机制(supply chain agility),为企业运营供应链带来更多的价值。随着敏捷供应链思想的诞生,后期大量的实证研究开始聚焦到价值链与供应链协同等研究方向上,通过大量的定量实证研究,形成对理论的检验。

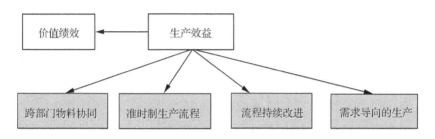

图8-4 拉式主导的供应链管理理论概念框架

2000年,克里斯托夫(Christopher)以时装成衣行业快时尚品牌飒拉(Zara)等案例,提出了企业可以将以上两种供应链管理方式(基于供给的精益管理方式和基于需求的敏捷管理方式)融合起来,根据企业自身产品线的特点,选择不同的融合运作方式(图8-5)。② 其解析了通过设定解耦点(decoupling point)部署对应的供应链库存战略,从而实现精益与敏捷的融合运作(leagility)。同时,内勒(Naylor)通过对电子化工行业——戴尔(Dell)电脑的典型案例分析,具体分析了不同需求下不同产品线的生产供应特点,提出了多种混合供需的运营模式与特点,包括buy-

---

① Fisher M L. What is the right supply chain for your product? [J]. Harvard Business Review, 1997, 75 (2): 105-116.
② Christopher M. The agile supply chain: competing in volatile markets [J]. Industrial Marketing Management, 2000, 29 (1): 37-44.

to-order、make-to-order、assemble-to-order、ship-to-stock 等。① 随着这些典型性案例被分析、归纳与总结，其实践得以在行业内不同企业运营场景下推广与实施。

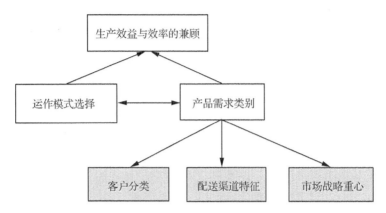

图 8-5　推拉结合的供应链管理理论概念框架

2. 批判性极端案例

与典型性示例案例不同，对批判性极端案例的发现与研究往往能够激发一些颠覆性的思考，从而挑战原有的经典理论。批判性极端案例在管理学中往往会在一些差异化较大的研究背景下被发现。基于特定的研究背景，相同的实践往往呈现特别的结果，从而激发出一些对现有实操的运用过程与实施方式的批判性思考。从对新兴电商互联网零售渠道管理的研究发现，全渠道零售（omni-channel retailing）在现有文献中多次被提到，一些经典案例研究慢慢开始关注对其发展运营模式的探索与总结，如从多渠道（multi-channel retailing）到全渠道的部署方式。然而，中国市场的发展

---

① Naylor J B, Naim M M, Berry D. Leagility: Integrating the lean and agile manufacturing paradigms in the total supply chain [J]. International Journal of Production Economics, 1999, 62 (1): 107-118.

无法复制原有的发展模式。现有经典理论多强调营销模式的重要性,[1][2]然而,在2010年中期,经研究中国企业在面临互联网浪潮转型时的全渠道部署方式,发现渠道部署的成功与否不能单一考虑市场营销方面的因素,同时要考虑供应链能否跟上及企业自身的核心竞争战略问题。该项研究通过引入某互联网电商巨头的全渠道零售管理的案例,形成了一些批判性的管理启示。

该项研究选取了某家在中国可谓是第一家硅谷式的、被风险投资用钱"烧"出来的知名互联网公司。2007年,伴随着互联网电商热潮刚刚在中国本土兴起,该企业借助于在网上卖衬衣的B2C(Business-to-Customer,企业对消费者)电子商业模式迅速走红。该企业利用人脉关系在短时间内完成了四轮融资,总计超过4 000万美元,有至少6家风险投资机构参与。通过复制典型网络直销模式,引入亚马逊的销售模式"Cost per Sales",投放国内市场。该企业与其他众多网站联盟成员结成利益共同体,其产品的热销也正向激发了分成网站的推广热情。在营销策略方面,该企业推出全免运费、24小时送货、30天无理由退换货且运费由企业承担等策略。2010年,该企业取得了非凡的成就,当年度卖出3 000万件衬衫,其销量超过了创建时间超过30年的传统服装企业如雅戈尔等的5倍之多,震惊了整个国内服装业。其后,该企业经历了品类迅速扩张、多元化发展。

该项研究发现该企业早期采用工厂直接低成本批量采购,从最简单的品类入手,如男士T恤和帆布鞋,通过密集的广告投放,分别以超低价29元和59元打入低成本竞争优势市场。伴随着中国低成本劳动力优势和互联网电商刚刚在这个初期未成熟市场上应用,其市场前景一片大好。但是,随着2015年后宏观背景的红利消退,该企业本身的问题逐渐暴露,包括:新零售转型策略下无节制扩张的产品品类与渠道,线上、线下渠道的不匹配管理,滞后的后端供应链管理,如长期采用按订单库存的推式采购模式、一味追随经济规模效应的大批量生产方式等,由此引起大量库存

---

[1] Ye Y, Lau K H. Designing a demand chain management framework under dynamic uncertainty: An exploratory study of the Chinese fashion apparel industry [J]. Asia Pacific Journal of Marketing and Logistics, 2018, 30 (1): 198-234.

[2] Ye Y, Lau K H, Teo L K Y. Drivers and barriers of omni-channel retailing in China: A case study of the fashion and apparel industry [J]. International Journal of Retail & Distribution Management, 2018, 46 (7): 657-689.

存货、采购欠款。同时，伴随着产品质量问题而出现的大批量退货，与产品设计问题相关的前端销量下降等一系列问题聚集爆发，这个曾经一度爆红的品牌在2015年全渠道扩张后迅速亏损，跌落神坛。

通过对这样一个极端案例进行深入的时间线分析和内容挖掘，该项研究从三个维度（市场营销、供应链管理和企业运营）刻画了互联网电商时代中国企业全渠道部署的驱动因素和阻碍因素，发现营销层面的渠道拓展只能起到加持作用，渠道部署须结合企业产品特点与供应链运营能力，由此通过全渠道转型提高企业核心竞争优势。借助于批判性反例的引入，该项研究打破了单从市场营销角度考虑企业部署全渠道零售与配送的优势，并从供应链管理与运营角度提出了实施全渠道零售时面临的切实问题与管理启示。所以，批判性案例能激发批判性思考，发现现有理论的局限性，提炼新的概念、理论来描述异常个案，由此重构原有理论框架中的概念解释，发现不同维度的要素，分析不同情境下的意义，形成对理论可理解的多面体。

8.4 案例研究的设计

上一节讨论了不同的案例研究类别，研究者通过识别出有意义的案例，形成不同的分析框架，实现不同的研究目标。本节将进一步介绍如何开展案例研究，以及案例研究的设计。

1. 特征分析单位

通过对"案例研究"定义的分析，我们了解到仅仅观察一个社会现象、历史事件或一套行为就说它是"案例"是远远不够的。如果想要讨论一个"案例"，那么你需要把它置于特定的情境中或解释它的意义。根据一项研究聚焦的主题或问题，识别出研究范围与讨论边界，在这个边界内观察某个具体对象，我们把它称为"特征分析单位"。这个单位能够被观察，但它本身没有意义，只有在观察者将这个单位归纳到分析类别或理论层面时，它才具有重要意义。通过对这个案例特征的挖掘，我们能更好地回答问题，从而达到研究的最终目的：理论的探索、验证或建构。例如，某个互联网电商企业发展中的兴起与衰败事件本身并不能构成案例，只有将其放在中国本土互联网电商兴起、市场经济转型与传统制造红利逐渐消失这样的背景下分析，讨论该企业的全渠道零售转型才具有一定的意义。

特征分析单位正是在确立了研究主题与范围后，具体要观察的研究单位。譬如，如果研究主题是"快时尚品牌企业供应链运营模式"，那么研究主体就是服装行业中新兴快时尚品牌商，研究单位包括：核心品牌企业自身，以及其上游的原材料提供者、零部件厂商、OEM/ODM 与下游的分销商、零售商、回收商等组成的整条供应链的集合单元。特征分析单元的选择往往取决于研究者剖析事物的视角。在这个例子中，核心品牌企业作为供应链上的链主，是整个供销市场上的关键少数，在供应链中起到了承上启下的作用，其采购与销售行为导向直接决定了整个行业供应链的发展。所以，确定了具体的特征分析单位与概念框架，既有助于研究的进一步深化，也更易于进入下一阶段的案例选择、资料收集与案例分析。案例的寻找、研究主题和特征分析单位的确立过程就是不断聚焦的过程，焦点决定了研究者的"探照灯"究竟照向哪里。同样，这也是一系列决定的结果，包括：研究者自身的兴趣、对研究主题的直觉、调查对象的资料可获得性，研究主题和分析框架的理论价值，研究目标的可达成性，等等。

2. 单案例纵深历史追溯

单案例研究是案例研究中的经典形式。单案例的适用范围广泛，包括对典型性示范案例、批判性极端案例、经典案例的分析与挖掘。对一个既存的现象提供厚实的描述，进而引发读者对研究问题的兴趣（motivation），激发其对现有理论的反思，或是将一些现象更清晰地揭露呈现（illustration）。① 通过对典型性单案例的分析，研究可以达到验证或补充现有理论的目的；通过对特殊案例或反例的分析，研究可以达到挑战现有理论、引发对新理论思考的目的。因此，单案例研究往往非常适合探索性研究。

单案例研究的设计可以从多个层次深度展开，包含对研究对象出现在

---

① Yin R K. Case study research: Design and methods [M]. 4th ed. London: SAGE, 2009.

不同场景与时间维度下的观测。在时间维度，可以通过对不同发展阶段的主题进行纵向回顾研究，梳理出每个发展阶段的主题聚焦特点。例如，有学者曾对服装企业的供应链运营模式转型做了研究，通过对单案例的阶段性历时发展的追溯，发现时间是一个重要的分析变化的维度（图8-6）。①②该项研究发现企业外部宏观市场的结构性转变，对企业内部供应链运营方式的调整起到了关键作用。该项研究整理出了四个主要结构性转型阶段，并对一个经典企业不同时期的供应链运营发展做了深入挖掘和前后对比。图8-7分析了该企业在转型前与转型后的运营对比与要素变化。该项研究发现，随着宏观外部市场环境结构性变化，企业形成了不同的供应链运营模式。

这些经典的个案追溯研究在管理学中的运用非常常见。随着时间的推移，观察一些固定的核心要素的变化，如研究者从1924年至1932年围绕霍桑工厂的员工开展了深入的历时案例研究，通过在该时间段内对该单位员工的深度观察、访谈与调研，帮助研究者更好地检验研究结果，更细致地探究研究对象的潜在变化与深层次原因，且与研究对象建立信任，从而发现更多未被探测到的潜在重要因素。这也是很多学者提出的，案例研究同其他研究方法一样适合解决如何发生（how）和为什么发生（why）等类的研究问题，用研究深度换取数据广度，从而获得解释性和诠释性的理论启示。

3. 多重或嵌套案例比较

相比于单案例研究的设计，多案例研究的设计能够形成几个案例间就某个或多个主题的跨案例横向比较。在多案例研究的设计中，每个主题的重要性不及主题之间相互比较的重要性。通过比较多个主题或多个该领域具有代表性的案例，研究者能够对某个主题形成一个整体认识。所以，相比于单案例研究为了探索、补充理论，多案例研究进行对比分析的目的在

---

① Ye Y. Managing demand and supply in Chinese fashion apparel firms: an exploratory study under the fourth industrial structural change [D]. Melbourne: RMIT University, 2017.

② Ye Y, Lau K H, Teo L K Y. Demand-supply chain management for the Chinese fast fashion apparel industry [C]//Proceedings of 27th Australian and New Zealand Academy of Management Conference. Hobart: ANZAM, 2013.

于形成对整体的多元性认识，从而实现一定的理论检验或理论重构。

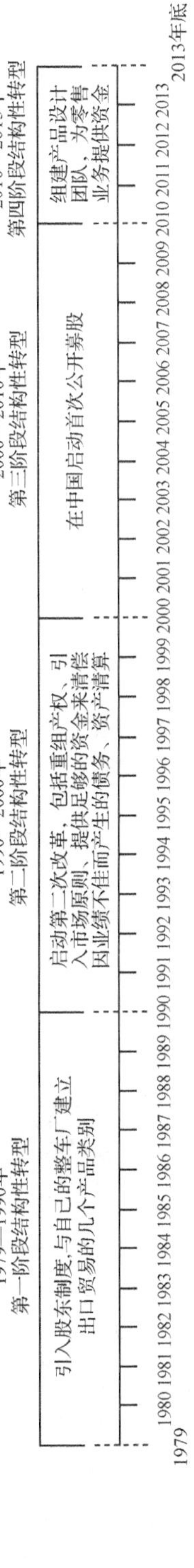

图8-6　历时性单案例研究阶段性描述

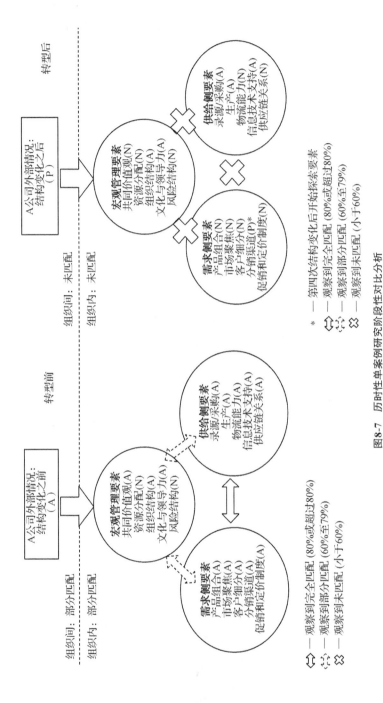

图 8-7 历时性单案例研究阶段性对比分析

大多数情况下，多案例研究通过比较得出的研究结论相较于单案例研究结论来得更加有效力。其主要优点是除了可以在一项研究中同时找到正面和反面的证据外，还可以探讨同一概念在不同场合下的呈现结果。然而，在设计多案例研究时，对案例的选择需要十分谨慎，必须考虑案例间的关联性，以免把不相干的案例拼凑在一起。同时，对多案例的比较分析除了需要进行单案例的深度剖析外，还需要进行案例间同主题维度的比较分析，以发现相似与相异之处。有学者在研究服装企业的供应链运营模式时，采用理论分层抽样对实践与理论中现存的品牌运营模式进行了初步分类，并基于国外文献中归纳出的三种基本商业运营模式，即一体化水平整合品牌商（all-in-one horizontal integration specialty）、垂直整合品牌商（vertical integration specialty）、虚拟整合或自有品牌服装专业零售商（virtual integration/specialty retailer of private label apparel），选择了中国市场中分别对应的三家典型企业进行多案例比较研究。①

该项研究在进行多案例比较研究时，首先深入跟踪每个案例在转型前后的供应链运营变化，发现在平行整合经营案例中，转型趋势由供给端开始，逐步向下游需求端转移（图8-8）。② 在转型期间，企业关注的核心要素主要集中在几个独立职能部门的整改上。在垂直整合经营案例中，转型趋势由需求端向上游供给端延伸转移（图8-9）。③ 在转型期间，研究发现了多个功能联动的供应链整合效应。在虚拟整合经营案例中，转型同样从需求端开始慢慢向上游供给端转移（图8-10）。④ 在转型期间，联动效应在供应链上的所有职能部门中被发现，形成了端到端的整体协同效应。

---

① Ye Y, Hung Lau K H, Teo L K Y. Transforming supply chains for a new competitive market alignment: A case study of Chinese fashion apparel companies [J]. International Journal of Logistics Research and Applications, 2023, 26 (3): 365-397.

② Ye Y, Hung Lau K H, Teo L K Y. Transforming supply chains for a new competitive market alignment: A case study of Chinese fashion apparel companies [J]. International Journal of Logistics Research and Applications, 2023, 26 (3): 365-397.

③ Ye Y, Hung Lau K H, Teo L K Y. Transforming supply chains for a new competitive market alignment: A case study of Chinese fashion apparel companies [J]. International Journal of Logistics Research and Applications, 2023, 26 (3): 365-397.

④ Ye Y, Hung Lau K H, Teo L K Y. Transforming supply chains for a new competitive market alignment: A case study of Chinese fashion apparel companies [J]. International Journal of Logistics Research and Applications, 2023, 26 (3): 365-397.

图 8-8 平行整合经营案例的供应链转型

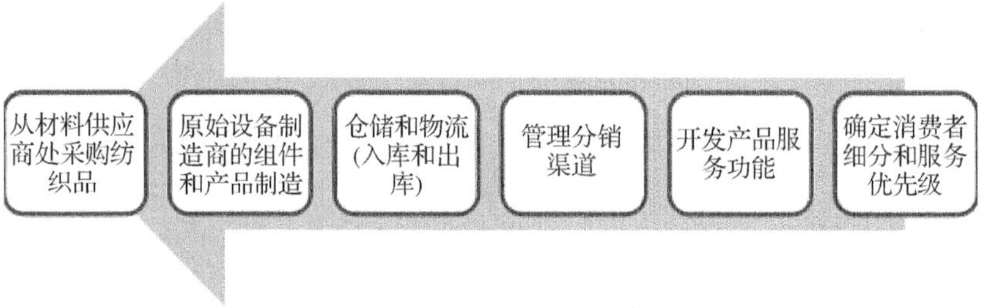

图 8-9 垂直整合经营案例的供应链转型

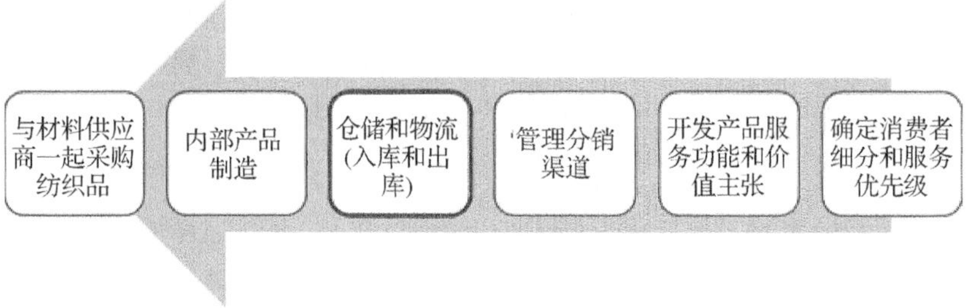

图 8-10 虚拟整合经营案例的供应链转型

该项研究基于单个案例,进一步跨案例对比了每个案例在转型前后的供给端和需求端的具体要素(表8-4),由此发现了不同企业经营模式不同,转型方式和路径选择也会呈现不同的特点。同时,该项研究发现了所有企业基本都会考虑的共性要素及其对应的作用。通过跨案例对比分析,该项研究突出了案例与案例间的差异性,凸显了每个案例的特点,同时映射出了一个整体研究对象的多元性和复杂性。尽管虚拟整合经营模式下企业的供应链经历了颠覆性重塑,但是如果没有平行整合经营模式下企业的迟缓性转型和垂直整合经营模式下企业的小步迭代式转型作为对比,讨论转型的节奏和辐射范围本身就没有多大意义了。

表 8-4 跨案例对比分析

案例研究		第一阶段：供给端的流程	第一阶段：需求端的流程	第二阶段：供给端的流程	第二阶段：需求端的流程
案例 A	案例 A:需求变得具有竞争力但仍可预测，供应是可预测的	• 升级采购系统,简化内部订单预测流程,提高订单准确性 • 汇总订单到主要OEM供应商,并推动订单量和规模经济交付	• 缩小加盟商渠道,集中零售渠道,降低间接成本	• 与主要供应商一起提高生产质量 • 引入需求驱动的订单效率	• 在内陆城市开设直营店,采用持续补货配送
	关键推动因素	加强"按库存生产"运营模式： • 供应方信息共享(内部) • 生产和采购流程集成(内部)		在"按库存生产"运营中引入"按订单组装"(需求驱动的订购和响应式物流)的元素： • 加强供应商关系(外部) • 需求创造和订单履行功能集成(外部)	
案例 B	案例 B:(需求变得不可预测,供应变得可预测)	• 优先生产给新的原始设备制造商	• 重新指定相应的消费者和产品分类,并寻找新的供应商 • 使用跨多个渠道的客户关系管理系统升级销售系统,以实现需求驱动的订购	• 使用预测驱动和直接需求驱动信息进行订购	• 协调使用区域配送中心和本地仓库设施 • 集中在线和离线交付,并与第三方物流企业合作进行快速补货
	关键推动因素	加强"按订单组装"运营模式： • 需求方信息共享(外部) • 开发新的供应商和客户(外部) • 高层管理支持		在"按订单组装"运营中引入"按库存生产"(基于库存的物流和集中配送渠道)的元素： • 物流和渠道履行流程集成(内部)	
案例 C	案例 C:需求和供应都变得不可预测	• 升级 CAD 系统,与材料供应商一起改进产品设计	• 发展忠实的消费者,并为其提供量身定制的产品设计,以满足特定要求 • 利用同步的产品设计、制造和分销流程实现端到端的响应式运营	• 与供应商一起标准化组件设计 • 将标准化制造外包给少数主机厂	—

续表

案例研究		第一阶段：供给端的流程	第一阶段：需求端的流程	第二阶段：供给端的流程	第二阶段：需求端的流程
案例C	关键推动因素	加强"按订单生产"运营模式： • 供应链端到端的信息共享(外部) • 垂直流程集成，直接将设计与所有供应链功能联系起来(外部) • 与主要供应商和客户合作(外部) • 高层管理人员的早期参与和承诺		在"按订单生产"操作中引入"按库存生产"（设计和制造标准化）的元素： • 设计和生产过程改进(内部)	

  同样，多案例研究也可以在多个层次展开。嵌入式的个案研究，即围绕某个大案例的特征背景，将案例根据属性分成多个子单元案例。在多案例中，我们考察的是几个不同案例形成的一些共通的理论特征。而在嵌套案例中，多案例的展开是基于一个大背景、主要的特征分析单元内部进行的。大案例的选择起到了构成广阔研究背景整体的组成部分之和，同时连接着其案例内部的不同情境为一个整体。所以，不同于多重个案研究，嵌套案例研究的设计能从更广泛的案例中获得完整性和整体性。以"供应链转型"这个主题为例，有研究发现近年来由于环保要求逐步实行，企业推动供应链转型的一大驱动力在于符合环境保护法律法规，在降低违规风险的同时降低碳排放。①② 基于这个主题，该项研究选择了绿色供应链转型主题背景下的重点高耗能重污染行业：电子行业。该行业上游涉及高污染化工制造及装配，而下游又涉及淘汰过剩的电子垃圾废物处理。该项研究选择一个大型跨国企业作为研究对象，并将其旗下所有产品线分成四条核心子产品线（大型 CRT 显示器、液晶电脑显示器、微型计算机和主机一体机、移动手机）作为嵌套案例单元。这四类产品的绿色供应链转型方式因其绿色供需性质不同而呈现出不同的路径，而研究这四类产品又能折射出整个电子行业大背景下的绿色供应链转型实践。

  该项研究发现，不同产品线的工艺生产流程与拆解流程各不相同，同时不同产品在使用周期内产生的价值也不尽相同，相对而言，大型机生命

---

① Ye Y, Lau K H. Competitive green supply chain transformation with dynamic capabilities: An exploratory case study of Chinese electronics industry [J]. Sustainability, 2022, 14 (14): 8640.

② Ye Y, Lau K H, Teo L. Alignment of green supply chain strategies and operations from a product perspective [J]. The International Journal of Logistics Management, 2023, 34 (6): 1566–1600.

周期更长,而小型机、手机生命周期更短。这些特点决定了企业对绿色供应链转型路径的选择。通过嵌套案例对比分析,该项研究归纳了企业四条产品线在转型前与转型后两个阶段中所采用的绿色战略与对应的核心绿色转型能力(表8-5)。

表8-5 跨单元案例对比分析

关键能力	污染控制和预防		绿色产品管理	
	第一阶段:内部运营控制和精益运营	第二阶段:跨职能运营流程整合	第一阶段:激进的产品生态设计	第二阶段:渐进式绿色设计
通用电脑和服务器(大容量)	内部运营控制:内部控制、精益生产和规模回收、原料再生(++)	跨业务单元集成:跨职能运营流程集成(+)	横向合作:基于减量化的设计,供应链横向伙伴合作(+)	横向合作:基于减量化与基于原料再生的设计,供应链横向伙伴合作(++)
快耗附件(大容量)	内部运营控制:内部控制、精益生产和规模回收、原料再生(++)	跨业务单元集成:跨职能运营流程集成(+)	(-)	横向合作:基于减量化与基于原料再生的设计,供应链横向伙伴合作(++)
高端台式机和笔记本电脑(高价值)	内部运营创新:敏捷运营与清洁生产(++)	跨业务单元集成:跨职能运营流程集成(++)	垂直合作:颠覆性绿色产品设计,跨行业供应链垂直伙伴合作(++)	横向合作:基于配件再维修的绿色产品设计,供应链横向伙伴合作(+)
便携式手机(高价值)	内部运营创新:精益生产(+)/敏捷运营与清洁生产(+)	跨业务单元集成:跨职能运营流程集成(++)	垂直合作:颠覆性绿色产品设计,跨行业供应链垂直伙伴合作(++)	横向合作:基于配件再维修的绿色产品设计,供应链横向伙伴合作(+)

注:++表示这种做法被高度采用;+表示这种做法在有限的程度上被采用;-表示这种做法没有被采用。

通过对四种不同的绿色供应链转型方式的梳理,该项研究得出的结论(图8-11)为:高附加值产品和低附加值产品采用的路径完全不同;高附加值、低产量子单元产品与低附加值、高产量子单元产品内部的转型方式具有强共性。该案例研究以典型行业中的电子电器行业为研究背景,虽然只选择了一个大案例,但是对代表性案例内部的不同子产品进行嵌入单元研究,探析了该行业绿色供需特点与对应的不同转型方式和路径。

图 8-11　竞争性市场背景下的企业绿色供应链动态转型路径

8.5　案例选择与数据收集

前几节讨论了案例研究是基于某个事件本身的内容与主题上的独特性和特殊性而展开的。那么，寻找案例的过程一定不同于传统实证大样本研究主导的抽样及对样本的概率性评估和严谨性评估。过往在对方法论的研究中，大量研究将抽样方法分为概率抽样与非概率抽样来讨论，并将案例研究划归非概率抽样的类别。然而，这其实是具有一定的误导性的。此类划分方法是传统实证研究主导下的归类。正如托马斯和詹姆斯提到的，案例研究的重点不在于找到显示整体质量的部分样本，其更关注的是选择的主题，无论是具有争议的批判性议题，还是时下关注的典型议题等。[①] 那么，从这个角度来看，案例研究并不期望像实证研究那样，通过抽样代表更广泛的样本总体，而往往更专注在案例本身主题的探索性上，或是能否通过探索性案例分析挖掘出发人深省的思想。

[①] Thomas G, James D. Reinventing grounded theory: Some questions about theory, ground and discovery [J]. British Educational Research Journal, 2006, 32 (6): 767-796.

本节主要介绍了如何围绕案例研究的主题，找到合适的、具有代表性的案例，以及如何收集数据等。寻找典型性案例、批判性特例或与局部知识相关的案例有多种方法，其中包括两种基本方法：理论分层抽样（theoretical stratified sampling）与滚雪球抽样（snow-ball sampling）。

1. 理论分层抽样与滚雪球抽样

大多数总体可以被分为几个因特性不同而互相排斥的亚群体，从每个亚群体中抽取样本的过程就叫"分层抽样"。在理想分层的情况下，每一层内部是同质的，层与层之间是异质的。比如，要研究不同族裔的个体所组成的样本就是这种情况。分层抽样特别适于研究不同情景下样本呈现的不同特点，这与案例研究强调研究内容与情景下的独特性相一致。同时，理论分层抽样的核心依据来源于过往理论与经验指导。在管理学中，一个新的理论范式的提出往往都伴随着大量的案例研究。这些独特性案例研究在不同的研究阶段被提出，从而激发新的理论思考。由此，基于理论的分层抽样能确保选择的案例与研究的概念框架及研究问题保持高度一致，有利于研究者找到不同理论发展时期的一些探索性案例，以及知晓如何通过分析、归纳不同案例情景与视角下的实践，形成最佳实践总结与对理论的试探性拓展。

"第四次产业革命下成衣服装品牌企业的供应链管理战略转型"聚焦了不同快时尚品牌企业的不同供应链转型路径。该项研究梳理了过往文献中总结出的成衣服装企业的六大零售模式，这六大类别构成了选择样本的基本理论分层依据。国家统计局 2013 年公布的数据指出，中国市场共有限额以上大型规模服装品牌零售商 157 家。对应理论分层中六个子类的特点（表 8-6），157 个样本案例可被分别归入相应的层内。由于每层内的案例属性相同，层与层间的案例保持异质性，通过在每层中选择最具代表性的典型案例，理论分层保证了此案例对该层内同属性案例的高代表度。该项研究在每层中选择了最具代表性的两个案例，典型案例选择的标准包括：年销售收入、净利润和整体增长率的衡量因素（捕捉具有强大资源实力和发展潜力的企业）；市值和消费者认知度排名（捕捉具有强大营销价值的企业）；所有权多元化和市场利基多元化（捕捉当前中国的市场多元化）。这些企业往往在年度行业评估中具有示范性。该项研究通过对每层内典型案例的深度分析，挖掘每种模式下的转型关注点，并通过跨层次案例的对比，分析不同模式下的企业关注的不同转型方法和过程，最终提炼出共性特征下的核心路径。由此可见，通过理论分层抽样选择案例，可以在原有理论的基础上，对应地分析案例，提出新情境下的理论范式与解释，由此形成新的管理启示。

表8-6 理论分层抽样

按零售渠道和企业所有权划分的服装品牌企业		描述
零售渠道	直营店	自有品牌服装的专卖店，涵盖从设计到生产再到最终销售流程的主要阶段
	网店（B2C/O2O）	企业对消费者；采用在线电子商务零售的企业
	多渠道（直销/特许经营/在线）	采用多种网络策略来获得市场份额的企业，如在核心城市采用直销，而在其他地区采用特许经营
	店中店（一体化供应链/百货商店）	涵盖业务流程所有阶段的企业，从产品设计到生产（不仅是他们自己的品牌，还有OEM），再到分销和零售
	特许经营	允许加盟商使用品牌商标并分销供应商产品的品牌设计师，通常生产过程外包给OEM
	折扣/奥特莱斯/百货公司	制造商将库存直接出售给下游消费者的实体商店
企业所有权	国有企业	政府代表所有者进行商业活动的法律实体
	乡镇企业	地方政府管辖下的市场化公营企业，立足乡镇和乡村
	合资企业	一家国际企业与中国一家当地企业以共同所有权合作的合资企业
	外商直接投资-外资企业	位于另一个国家的实体在一个国家/地区对商业企业的控股所有权
	私募股权-私营企业	由非政府组织或相对少数股东或公司成员拥有的企业

质性研究中经常采用的案例选择方法还包括滚雪球抽样。滚雪球抽样帮助研究者通过最初的一些概率方法找到案例样本，发现更多拥有某种类似特征的人，以此类推，再找到更多拥有相同属性的案例。该方法特别适用于研究者发现与案例内容相关的批判性案例。通过滚雪球抽样，可以找到和最初案例中相关或局部知识有关联的案例或拥有类似特征的其他案例

等,从而建立与主题中经历相关的人或研究对象的深度关联。"构建动态能力的绿色供应链转型"抽样为了找寻电子供应链上游排污企业,大量运用了滚雪球抽样。在核心企业背景调研的基础上,该项研究跟踪了其上游15家核心二级供应商,并在此基础上进一步挖掘,找到了可能影响环境规范的排污企业及其背后的一些深层次原因。

2. 数据与证据收集

案例研究关注的是聚焦的主题及分析框架,为了将案例中的现象剖析清楚,案例研究强调对不同来源、不同性质的多种数据与证据进行收集,以期呈现现象的真实性与完整性。其中,数据源包括统计数据、深度访谈、现场的参与式观察、焦点小组访谈,以及对商业新闻、报告和企业数据库这些二手资料文献的收集与分析等。这些数据源构成了相互三角测量数据并形成数据间的相互补充。① 组合多个数据源的可能性是案例研究的主要优势之一,它帮助研究者从多个角度考察研究问题。② 有学者在五个案例研究中采用了半结构化的面对面访谈作为主要的数据收集方法。也有学者提出,访谈是最重要的数据来源之一,可以作为研究者探究受访者对他们最熟悉的问题的想法和感受的手段。研究者可以开发一个半结构化的访谈框架与问卷,该框架包括整体研究方向及要解决的与主题密切相关的开放式问题。

开放式问题在探索性无结构化或半结构化访谈中很常见,研究者向受访者询问事实信息和意见,使受访者有更大的受访自由度,以充分地解释自己的想法与观点的方式回答问题,并使访谈者更全面地跟进主题。③ 有学者在研究企业如何应对环境治理与绿色供应链转型时,先对影响企业参与环境治理的关键人员进行了开放性半结构化访谈,包括负责不同产品类别的跨职能环境管理团队,以及采购、生产和设计职能部门的员工。开放式性半结构化访谈的提纲主要从整体战略入手,讨论一些综合性的问题,

---

① Creswell J W. Qualitative inquiry and research design: Choosing among five approaches [M]. 3rd ed. London: SAGE, 2012.
② Yin R K. Applications of case study research [M]. London: SAGE, 2011.
③ Turner D W. Qualitative interview design: A practical guide for novice investigators [J]. Qualitative Report, 2010, 15 (3): 754 – 756.

包括：公司如何将环境管理标准融入上游采购、内部生产制造与下游物流运营；公司如何与外部供应链合作伙伴保持关系，以促进绿色材料采购、绿色产品设计与服务、全生命周期绿色管理；等等。

在宏观问题调研后，该研究分别对各个具体业务部门进行了深入的结构化平行访谈。为了确保数据的内部效度，往往根据调研内容选择多个同级别对象进行深入的个体访谈，或者焦点小组访谈。随着访谈进入不同的业务职能团队，在每次访谈期间和之后，研究者都会对问题进行调整和优化，逐步形成一个较为具体的结构化访谈问卷，此问卷能够更好地捕捉被调查对象在特定方面的针对性回复。为了补充访谈数据，该研究还进行了一系列实地考察，如参观企业的自动化生产组装流程，以实现数据的三角互证。观察研究有助于细致入微地考察流程现状，并捕捉沟通交流中无法发现的一些潜在因素。现场观察能够对背景信息和相关问题有更全面的洞察力。访谈中有时受访者会就主题阐述主观性内容，而在实地观察调研时可以具体检验这些内容有无真正在客观现实场景下运作与实现。

在对每家案例公司进行访谈与观察研究前，还可以提前做一些行业文献的数据收集工作，如提前了解研究对象的业务报告、新闻、白皮书和档案记录，了解每家案例公司的业务背景，以提高访谈的有效性并为访谈提供进一步的见解。由此，案例研究能考虑到各种商业环境的性质，除了一般性问题外，还可以重点发现一些和具体调研企业实践紧密相关的问题。

8.6　案例研究的质量标准

实证研究或验证性研究强调，通过选取代表性样本，推导、归纳出一般性结论，从而验证最初的假设。在这类自然科学中，衡量研究的质量往往通过考察其研究的严谨性来实现，即实验或样本取证的准确性、精确性、信度、效度等结构性特征对细节的把控。在质性研究中，我们需要考虑符合案例研究本质的质量衡量标准。托马斯指出，正是实证研究中的这些结构性特征判断，分散了我们的注意力，甚至误导我们对案例研究质量

第8章 基于质性分析的案例研究设计

标准的评判。① 格林内尔（Grinnell）和安洛（Unrau）在如何理解质性研究中，提出从不同研究范式讨论衡量研究质量的标准。②

对于解释、批判与建构主义类型的研究而言，实证主义所强调的信度与效度检验标准并不是一个合适的目标，因为所谓客观事实的存在并不是研究关注的。研究关注的是不同的研究者因身份角色、生活经历等方面的差异而拥有不同的局部性视角和意义。在资料收集的过程中，不同的研究者或研究主题和研究对象之间建立的关系也将有所不同。除非数据资料已经做过结构化处理，如将每个答案都按严格明确的规则纳入一个或多个类别，否则计算反映编码相似度的数量指标是极其困难的。质性资料也很少会呈现结构化的特征。库巴（Guba）和林肯（Lincoln）提出在建构主义的研究团队中，研究者们需要并肩合作就资料收集和解释能否采取共同或一致的方法寻求对话与协商。③ 质性研究更多关注的是资料的可信度（credibility）而非严谨性（rigor），寻求对真相事实的解释，关注结果是否足够还原真实。有学者指出，以叙事的形式来组织经历和对人类事件的记忆——故事、谎言、神话、做和不做的理由……与逻辑和科学程序所生产的结构不同，这些结构可以通过伪造加以篡改，叙事结构只能实现"逼真性（authentic）"。因此，叙事是一个现实的版本，它的可接受性取决于惯例和叙事必要性，而非验证。库巴和林肯提出了四个标准来评估质性研究的质量，包括可信度（credibility）、可推广性（transferability）、可靠性（dependability）和可确认性（confirmability）。

1. 可信度

解释主义主导下的案例研究可以用信誉（credibility）来衡量研究的内部一致性，其可以类比于在实证主义主导的定量研究中的内部效度指标，旨在回答这些研究结果是否值得信赖的问题。以下一些措施可以衡量研究结果信誉的程度。

---

① Thomas G. A typology for the case study in social science following a review of definition, discourse, and structure [J]. Qualitative Inquiry, 2011, 17 (6): 511-521.
② Grinnell J R M Jr, Unrau Y. Social work research and evaluation: quantitative and qualitative Approaches [M]. New York: Cengage Learning, 2005.
③ Guba E G, Lincoln Y S. Competing paradigms in qualitative research [M] //Denzin N K, Lincoln Y S. Handbook of qualitative research. London: SAGE, 1994: 105.

(1) 数据收集与来源的三角互证

对多源证据进行追溯、构建整条证据链并对案例研究报告的关键知情人进行审查是衡量数据源有效性的方法。多个数据源包括文献（如报告、报道、笔记、信件等）、档案（如公司数据、官方记录、现行数据库等）、第一手访谈资料、现场观察资料、活动参与及人工器物收集等，可以实现数据源的充分三角互证。当多种资料与证据都能指向同一种做法时，说明研究结果具有一定的可信度。

(2) 数据分析过程的三角互证

可以采用2~3个不同编码人员对同一数据内容进行编码的方式，通过交叉编码、团队编码和定期讨论来提高数据分析编码的一致性。同时，建立证据链，让收集的数据具有连贯性且符合逻辑，使得报告的阅读者能够重新建构这一连贯的逻辑，并预测其发展。逻辑越清晰连贯，质性研究的可信度或建构的理论逻辑效度就越高。这类做法类似定量研究中的逻辑关系网的建立。

(3) 受访者和同行评审的三角互证[1]

案例研究报告结果通过关键信息提供者反馈，确认理解上的一致性，而非只是研究者团队的偏见，由此可以避免因研究者个人的选择性知觉而产生不恰当的诠释，可以提高研究的内部有效性。

2. 可推广性

可推广性也称"可概况性"，相当于实证研究中的外部有效性指标，即强调研究结果在类似的场景或情节下仍然适用。与定量研究中强调"数据统计上的概括性"有所不同，分析上的概括性适用于衡量质性研究的外部有效性。案例研究的数据收集和分析通常以交互的方式进行，由此访谈问题会由于不同个案的特点问题也逐渐细化，以追求每个案例中的典型主题。在跨案例研究中，案例之间的相似之处和相异之处会有所展现，在单案例研究的基础上对总体案例的跨案例分析可以突出核心逻辑并检验核心

---

[1] Eisenhardt K M, Graebner M E. Theory building from cases: Opportunities and challenges [J]. Academy of Management Journal, 2007, 50 (1): 25-32.

逻辑在不同独立案例中的可重复性。艾森哈特（Eisenhardt）和格雷布纳（Graebner）认为探索性案例研究可以作为理论发展的起点，对典型类别下4~10个案例的跨案例分析可以进一步为理论概括提供良好的基础。由此，案例研究也可以形成实证研究的结果，对理论形成一定的普遍概括性。有学者在研究推拉结合的供应链运营模式在中国成衣行业中的应用时，选择并讨论了六个典型企业案例。基于系统的理论分层抽样过程，形成三个主要异质层，每层中选取2个代表性案例。由此，基于六个跨多案例研究结果的比对，形成对理论逻辑复制的研究有效性。

同样，沙迪什（Shadish）提出了五大原则来提高质性研究的概括性。① 第一，近端相似性，即在新发生的场景与已研究的场景间，人物与设置能有多相似。此通过研究者给予研究背景与当事人深刻描述来实现，例如，强场景和弱场景。② 强场景包括反复沟通交流互动、第一手调研与参观、一个值得信赖的调研人及非正式场景下的私人访谈。弱场景包括仅一次沟通接触、二手资料与报道、调研人缺乏经验和信赖、正式场景与小组访谈。第二，不相关的异质性，即无论假定不相关因素的微小变化及研究结果的适用程度如何，这是通过研究者去有意识地考察对负面案例或特例的分析与影响。第三，判别性无条件。即使面对其他解释，调查结果的真实性仍然存在。这需要研究者考察所有的其他可能对手的假设选项。第四，经验外推法，即当研究者可以具体指定某人或某种情况时，结果发生的可能性最大。第五，解释原则，即当研究者可以推测通过某个逻辑程序时，一个变量和另一个变量高度相关。以上五大原则提供了衡量质性研究的概括性指标的一些方法。

3. 可靠性

与实证研究中的可靠性类似，案例研究的可靠性强调研究结果的一致性。由于质性研究者往往强调"人往往不能踏入同一条河流两次"，所以他们不是通过证明研究结果的可重复性来证明研究的可靠性。可靠的证明

---

① Shadish W R. The logic of generalization: Five principles common to experiments and ethnographies [J]. American Journal of Community Psychology, 1995, 23 (3): 419-428.

② Miles M B, Huberman A M. Qualitative data analysis: An expanded sourcebook [M]. 2nd ed. Thousand Oaks: SAGE, 1994.

是通过研究者提供对数据收集程序的审计跟踪来实现的。可靠性也来自研究者使用多个成员收集、分析的数据,并对叙述准确性与解释有效性进行判断。

一项高可靠性的质性研究的特点包括:① 研究者对研究背景做了深入细致的描述且对选择的案例的特点做了深入的分析。② 研究者给出了研究问题,同时提供了对应被调研者的回答。③ 研究者细致地讨论了如何保证数据的准确性,以及如何由多方核验调研数据,最终得到研究结论。关于数据的可靠性,米尔斯和休伯曼(Huberman)进一步提出了数据分析过程中编码检验的方法。① 编码检验主要分为内部编码可靠性检查与外部编码可靠性检查。

4. 可确认性

在质性研究中,虽然研究目标并不关注研究结果的客观有效性,但是研究结果的无差别性和去除主观性仍可通过程序上的审计跟踪来保证,包括给读者提供清晰的研究者的研究与思考过程、对所有数据分析中的解释性决策给予清晰的程序跟踪。

可确认性需要说明研究者的主观性能够得到第三方确认的补充,如在数据收集与分析中与不同研究者的资料三角互证,以及和其他多个研究者的编码检查等。一项可确认性高的研究要求:研究者能够清晰地描述数据分析中编码的形成与完善;同时,多个研究者与专家共同确定数据编码,严格遵循基本数据编码原则,即互斥、充分、内部一致原则。

---

① Miles M B, Huberman A M. Qualitative data analysis: An expanded sourcebook [M]. 2nd ed. Thousand Oaks: SAGE, 1994.

第 9 章

质性数据挖掘

很多学者提出,质性数据,特别是开放性访谈数据与资料,看起来没有结构。然而,质性研究的资料能呈现出多元化的数据结构。本章主要讨论如何构建一个与外部情境关联密切、一致性强的分析框架,再通过对质性数据的分类、编码、排序,发现连贯性,从数据中找到匹配的理论线索,同时还将介绍一些相关的分析工具。

9.1 内容分析与扎根理论

内容分析是把数据根据预先确定的一些概念类别进行编码,这些类别的初始划分依据来源于已建构的理论,即先验理论。因此,内容分析可以说是一种检验理论的研究技术,研究者在做分析时,其立场及对聚焦主题的思考借鉴了过往的理论发展,意在修正或补充现有概念框架。它站在了一定的后实证主义立场上,质疑原有实证主义中对客观世界的二元认知论,强调从过往的固定认知中跳脱出来,通过改革和探索寻找新的解释维度,修正原有的理论。然而,其选择探索新维度的可能仍然来自对过往认知类别的打破。好比我们在调研与收集数据之前,通过对现阶段理论与实践等二手资料与文本的梳理,能够对相关的案例背景和发展阶段有一个初步认知,对案例涉及的某些想探讨的主题能够形成一些相关的概念分类。然而,在实际调研与访谈之后,我们会发现一些新的现象。分析这些现象的数据虽然提到了原有概念,但是又从另外的视角给予了新的诠释。

有学者通过理论逻辑再现，试图在一个案例接着一个案例中寻找潜在感兴趣的变量之间的相似性，直到"理论饱和"。这类研究基于一定的实证主义认识论，聚焦于理论或建构的验证、阐释、改进或证伪。在数据分析时，从多样化、多案例、多信息中寻找基于原有理论的变量因素。通过对6~10个案例的比较，从结果中归纳出稳健的理论构建和因果关系，遵循理论、数据、文献之间循环迭代的过程来改进研究结果并明确研究贡献。实证主义主导的案例研究，往往采用这种基于先验知识的内容分析方法，将包含潜在感兴趣变量的数据放入一个先验的概念编码表中，而数据的分析、解释与说明是基于与原有概念持续比对实现的。证据数据列表可以改进建构和建构之间的关系，表格中包含的描述性、解释性或说明性的关键引述可以作为证据。为了做到证据逻辑严谨，研究聚焦于影响因变量的结构性变量，演示可检验的命题。数据分析的过程是数据对比的过程，这一过程要求观察数据与原有理论要素间的潜在差异，检验概念命题的真伪，类似假设-演绎研究开始时的陈述。

相比之下，扎根理论是一种从定性数据中直接绘制主题的过程与方法。① 扎根理论强调在没有任何先验理论的前提下，研究者沉浸在情境中并产生思想与理论的方式。这与用固定的想法（或固定的"理论"）对可能发生的事情进行个案研究的意图相反。首先，通过介入原始数据来得到概念和分类，即编码由数据"浮现"，而不是先验施加的约束。紧随其后的是为了收集数据而做的理论取样，即基于当下数据分析生成的类属进行理论分层抽样或滚雪球抽样。样本的规模取决于类属的"理论饱和"而不是人口学意义上的"代表性"，或者新的个案缺乏"额外信息"等。② 这样会最大可能地开发在最初沉浸式调研与编码中被识别的概念。

扎根理论的本质在于构建数据结构，而数据意义建构的过程则是混乱和迭代的。这是一个创造性的过程，且执行时需要有良好的想象力。建构是一个持续认知、比较、归纳的过程。由此，扎根理论方法论遵循了准归纳的逻辑路径，尽管在理论生成过程中需要不断地重新核查数据，但作为结果的理论是由数据归纳生成的，而不是用数据验证得来的。同时，从宏

---

① Glaser B G. Strauss A L. The discovery of grounded theory: Strategies for qualitative research [M]. New York: Aldine de Gruyter, 1967.

② Flick U. Designing qualitative research [M]. London: SAGE, 2018.

观认识论角度，扎根理论方法论遵循了一种建构主义的立场，强调主体与客体的直接互动和参与式、行动式交互，从而重新建构认识。研究者在这个过程中需要保持完全开放的观念，允许发现新的可能性。科尔宾（Corbin）和施特劳斯（Strauss）提炼了扎根理论研究中核心的3C要素，即认知过程（cognitive process）、连续比较（constant comparison）和编码（coding）。① 认知过程旨在打开研究者的初始观念，从数据中发现新的概念与关系。研究者需要不断重复从理论到实践再从实践到理论的比较思考过程。作为一个认知过程，建构不是直截了当的，研究者常会始于一个研究问题，而终于用新构造的概念与关系更好地解释另一个尖锐问题。

虽然扎根理论方法论在很大程度上给学界以一种全新的、更理想化的研究思路，但是不少学者也提出了疑问：人们可以在多大程度上厘清现有思路和理论，并允许这些理论不受偏见地从数据中提取出来。研究者如果没有很强的学术敏感性且经过系统的理论学术训练，公正地提取出有价值的理论，同时激发出动人的新思潮是很难的。扎根理论的有益之处在于，它提供了对解释性探究本质的简洁概括，因为它强调了研究者沉浸在情境中并产生思想与理论的方式。但是，研究者也必须承认已经建立的思想与理论可能对通过案例研究所得到的启示、解释和理解有所贡献。正如我们在前文所讨论的：案例研究在理论建构方面是该遵循准归纳的逻辑思路还是溯因推理的逻辑思路。大量研究表明，应该承认已建立的思想与理论在案例研究中发挥的作用，而案例研究擅长从已有理论中发现不同情境下的启示。

采用扎根理论方法论的学者必须保证研究过程中达到公正性、一致性、客观性等质量标准，建立一套较完整的质性数据分析工具，包括数据收集、编码、分析、书写、设计、理论归类，再到数据收集的螺旋式反复循环，并且从案例间的连续比较分析延续到每一周期的理论归类。② 扎根理论方法论强调数据收集和分析同时推进，并拓展了内容分析法中的连续比较和主题挖掘编码方法，其中的一些编码方法至今仍然在大量非结构化

---

① Corbin J M, Strauss A. Grounded theory research: Procedures, canons, and evaluative criteria [J]. Qualitative Sociology, 1990, 13 (1): 3-21.
② Gioia D A, Corley K G, Hamilton A L. Seeking qualitative rigor in inductive research: Notes on the Gioia methodology [J]. Organizational Research Methods, 2013, 16 (1): 15-31.

数据内容分析的研究中被采用。扎根理论研究主要可以分为三个编码步骤：① 开放性编码；② 轴向编码；③ 选择性编码。首先，通过开放性编码将文本数据编码为一阶概念，注意标签应尽可能接近原始数据。其次，通过轴向编码将它们抽象为更坚实的理论领域内的二阶主题。最后，通过选择性编码将主题抽象为聚合维度。数据分析的第三阶是结构化的，称为"数据结构"。其提供了对数据洞察的鸟瞰图，是一种既能传达发现，又能使读者轻松跟进研究者论证的有效方法。三阶段过程将整个编码过程的最终结果聚合到一个过程框架或理论框架中，该框架描述了新生的构念之间的动态关系。

9.2　数据编码的原则与方法

在对扎根理论编码方法进行详细阐述之前，本节先对数据编码的原则与方法进行介绍。数据编码的原则可以指导研究者在做编码分析的过程中将一组复杂的想法或信息翻译成简单的、合乎逻辑的且易于理解的组。另外，它确保不会忘记包含任何组。下面介绍三个基本编码原则。

首先，把相似的想法放在一个标签下，不同的代码间要满足个体互斥原则（mutually exclusive）。这意味着每个组都是完全不同的，组之间没有重叠。如图 9-1 所示，在一个完全互斥的编码集中，想法 1 与想法 2 是完全相互独立的且没有重叠的部分。由此，在内容分析时，如果有参考的先验理论，那么需要细致地拆解先验理论中所包含的不同概念要素及其构成，而不是在基础概念还没有得到理解和拆分干净时就开始进入编码。

其次，集体穷尽原则（collective exhaustive）。这意味着分代码代表总代码中的一类，而所有分组的总和涵盖了所有可能的选项。由此，这些组件将帮助研究者把复杂的信息转换为简单的逻辑组。一个集体穷尽的编码集拆分出的想法 1、想法 2 和想法 3 应能够尽量全面地还原出一个总想法，且不能有遗漏。由此，在内容分析时，如何拆解总想法就尤为重要。除了确保相互独立外，如何形成有意义的编码解构，从而汇总成全面且易于理解的总想法是形成良好初级编码与高级编码的核心。

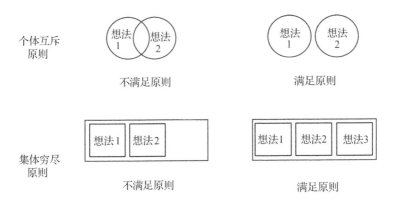

图 9-1 个体互斥与集体穷尽的编码原则

最后，避免从具体的想法中创建代码，而是应该构建代码组来捕捉还原数据呈现的特定想法（code in vivo）。这个原则进一步反映了先前讨论的内容分析与扎根理论研究不同逻辑形成的两大路径。"从具体的想法中"是指研究者思维中已存在的特定想法或固定模式，往往来自先验理论与经验。而编码本身是用来呈现数据中原本的内容，还原现象本身的，因此，应尽量实现扎根理论编码。由此，在初级编码时，即使使用的是先验理论概念，也需要事先对其进行逻辑拆分，找到原始理论中形成的初始数据标记，作为数据分析的指导。在对新的数据进行编码时，需要尽量使用接近原始数据的标签。

1. 开放性编码

开放性编码是构建扎根理论编码的第一阶段，在这个过程中，主要检查文本数据，并对内容进行梳理、比较、分类。开放性编码是指选择原始数据的一部分，从中提取出能够代表这部分数据的概念。其目的在于打开数据并识别大量可能的主题，这些主题在这个阶段呈现开放性状态。在这一阶段，研究者刚刚进入某个场域，就某个主题观察和倾听客体，往往对背景还未形成一定认识。在这一阶段编码的时候尽量要保持开放的思维，切记不要带有研究者本人先入为主的想法。这一阶段的编码也为后续的概念延展提供了可以进一步探索、深入并细化的研究基础。以下一些方法可帮助开展开放性编码，构建初级代码。

首先，提到编码的频次。同一个编码在不同材料中被提到的频次不同。虽然光看频次仅能显示此概念在不同文本中出现的大概率,但是它也能帮助我们根据不同文本或文本具体采访的对象,做一个概念背景上的理解。其次,解构原理论概念中包含的要素,比对现有概念中包含的要素。构建初级编码,这期间可以记下每个编码具体包含的内容,以及为什么会这样去理解文本,如何得到这样的概念、概念边界等。这个思考的过程往往需要反复地斟酌、比较。和内容分析中的持续比较法类似,参考对比先验的理论概念,由此作为指导对文本内容进行开放性思考和关系解构。比如,"我们的森林正在消失""河流污染""大气污染物排放超标"都可以编码为"环境破坏",并以此作为一阶代码。在这个过程中先参考环境破坏的定义:人类不合理地开发、利用自然资源和兴建工程项目而引起的生态环境的退化及由此衍生的有关环境效应,对人类的生存环境产生不利影响的现象,如水土流失、土地荒漠化、土壤盐碱化、生物多样性减少等。环境破坏造成的后果往往需要很长的时间才能恢复,有些甚至是不可逆的。通过比对所有相关数据的描述,确定符合这一定义的内容。

下面举一个采用先验理论的开放性编码的案例研究的例子。"中国全渠道零售的驱动因素和阻碍因素:时尚服装行业的案例研究"中,首先,运用开放性编码对理论文献进行概念梳理与解构。通过对"全渠道销售"与"多渠道销售"进行定义,提炼出渠道区别的核心特征维度。早期全渠道销售的定义为,全渠道营销是指利用消费者旅程中所有的接触点,并将各种渠道无缝联结,满足消费者任何时候、任何地点和任何方式的需求,用他们喜欢的方式创造无差别体验的营销活动。① 后期研究认为,驱动全渠道的趋势是指消费者生活在一个高度链接的世界,他们跨渠道购物,因此,购物常态被迁移到一个整合了服务和产生更深入消费者洞察能力及创造更定制化、精准化的终端体验。② 全渠道是企业用于改善客户体验的跨渠道商业模式经验。后有学者进一步将"全渠道业务"定义为在联系渠道内部和之间无缝发生的轻松、高质量的客户体验。③ 全渠道零售是多渠道

---

① Rigby D. The future of shopping [J]. Harvard Business Review, 2011, 89 (12): 64 - 75.
② Brynjolfsson E, Hu Y J, Rahman M S. Competing in the age of omnichannel retailing [J]. MIT Sloan Management Review, 2013, 54 (4): 23 - 29.
③ Verhoef P C, Kannan P K, Inman J J. From multi-channel retailing to omni-channel retailing: Introduction to the special issue on multi-channel retailing [J]. Journal of Retailing, 2015, 91 (2): 174 - 181.

零售的扩展。"多渠道"通常被认为多种不同但非集成的接近客户的方式，而全渠道需要连贯和绝对整合。① 基于以上分析，表9-1将各个时期发展出来的定义进行汇总，逐步拆解定义，并且发现每个定义中关注的核心点。

表9-1 对原有理论定义的梳理与解构

一级代码	不同时期对"全渠道销售"的理论定义描述
销售渠道种类多	• 全渠道营销是指利用消费者旅程中所有的接触点……
销售渠道间集成度高	• ……将各种渠道无缝联结…… • 驱动全渠道的趋势是消费者生活在一个高度链接的世界，他们跨渠道购物……
提供一体化精准的营销方案	• ……用他们喜欢的方式创造无差别体验的营销活动 • 购物常态被迁移到一个整合了服务和产生更深入消费者洞察能力及创造更定制化、精准化的终端体验
消费者多元定制化购物体验	• 满足消费者任何时候、任何地点和任何方式的需求…… • ……产生更深入消费者洞察能力及创造更定制化、精准化的终端体验

通过以上对不同时期理论定义的分析，能提炼出全渠道的描述性特征。第一，多种渠道部署形成广泛客户接触。第二，不同销售渠道间集成度高。在全渠道运营时，不同渠道之间的区别往往会消失，为客户提供完全统一的购物体验是各渠道共同的目标。第三，通过渠道深度与广度的协同，形成精准的营销策略。第四，为消费者提供以需求方为主的定制化购物体验。

在探索性调研后，该项研究采访了两个大型本土代表性服装企业，它们是最早实践全渠道营销的企业。我们可以借助于这些已有的理论概念，在调研数据中找到与其一致的观点，并把相似的观点标出来，对收集到的访谈数据做初期的内容分析与开放性编码。在对某企业的区域销售经理关于渠道部署方面的问题的采访中，区域销售经理提到：

　　我们一直在与电子商务公司合作，以促进通过其网站进行消费者对消费者和企业对消费者的销售。我们在淘宝网和天猫开设了商店，

---

① Ailawadi K L, Farris P W. Managing multi- and omni-channel distribution：Metrics and research directions [J]. Journal of Retailing, 2017, 93 (1)：120－135.

还与微信合作创建了社交媒体账户,并定期进行特定渠道推广。我们的客户可以在实体店和在线购买产品,或者在线查看产品信息、离线购买。

这段内容主要描述了企业在渠道部署上接触范围广,部署了多个渠道推广销售,以方便客户选择多个渠道购物且查找产品信息。根据原代码本,发现其与"全渠道"定义中的标签"销售渠道种类多"描述一致。由此,我们可以初步验证在原有"全渠道零售管理"定义中提到的这方面特点。

其次,我们可以在一致的观点附近寻找相对立的观点或可拓展的观点、论点,形成一定的新分类。比如,在该项研究中,某企业的区域产品经理从不同维度阐述了全渠道在实际运营中面临的挑战和运营全渠道对供应链管理的要求。

> 2012年,我们在门店发现了大量过剩产品,尤其是加盟店。传统推式供应链运营缺乏一定的透明度。为了解决这个问题,我们现在采取了一系列措施:① 削减特许经营与产品订购预算。我们已经将特许经营网络从50%缩减到28%,大多数零售店现在都是直属的。② 通过多渠道推广、售罄库存产品。我们现在有四大配送中心,分别位于上海、天津、重庆和广州。我们收到了原始设备制造商的发货订单,并在配送中心进行了分类,根据地理位置将它们派往少数几家大型区域旗舰门店附近,再将产品分发到其他门店。在线订单也将先转发到零售店,由3PL合作伙伴统一取货并交付给"最后一公里"的最终客户。

该段内容表明在运营与配送过程中拥有一个直属可控、透明的集成配送体系是实现全渠道营销的关键。由此,从原代码中可先找到匹配的代码标签"销售渠道间集成度高",并拓展出"整合配送运营渠道"等内容标签。同时,分析发现企业采用全渠道进行产品推广,这种推广既包括对新产品的品牌深入推广,也包括对折旧品的多渠道折扣销售,从而减少系统内产品剩余,提高企业整体运营效率。由此,从运营角度,可以拓展出"使用多渠道降低积压库存""整合配送运营渠道"等内容标签(表9-2)。

以上展示了如何形成初始的一级编码。在这个过程中，通过持续地对比概念与数据间的差异，补充原有概念中的要素并发现新研究背景中的潜在要素。为了符合互斥原则与穷尽原则，研究者可以同时进行数据收集与分析，做到对原始资料尽量翔实地收集与分析。在初始调研与分析的基础上，研究者还要进一步开展定向深入访谈或焦点小组访谈，充分挖掘某个主题内容，直到译码呈现饱和（data saturation）状态。例如，该项研究在对某个企业访谈时发现实地调研和理论二手数据的差异，由此进一步开展了和高管的二次访谈。在这个过程中，我们提炼了一些半结构性的问题，从一个纯开放性议题深入下去，讨论一些重要核心问题，而这些问题是引导我们发现新的主题、补充原有主题的关键。在这个深化过程中，我们根据先验知识先形成一个初始分类，在持续比较过程中，部分概念分类会被拓展，补充一些新的概念要素；部分概念分类会被打散重构，整合成一些全新的概念。

表 9-2　通过比对现实数据形成开放性一级编码

一级编码	调研访谈
原理论的解构编码	• 访谈数据
销售渠道种类多	• 我们一直在与电子商务公司合作，以促进通过其网站进行消费者对消费者和企业对消费者的销售。我们在淘宝网和天猫开设了商店，还与微信合作创建了社交媒体账户，并定期进行特定渠道推广。我们的客户可以在实体店和在线购买产品，或者在线查看产品信息、离线购买。（区域销售经理）
销售渠道间集成度高	• 我们已经将特许经营网络从 50% 缩减到 28%，大多数零售店现在都是直属的。 • 我们现在有四大配送中心，分别位于上海、天津、重庆和广州。（区域产品经理）
新增加的拓展编码	• 访谈数据
• 使用多渠道降低积压库存 • 削减产品订购预算	• 2012 年，我们在门店发现了大量过剩产品，尤其是加盟店。传统推式供应链运营缺乏一定的透明度。为了解决这个问题，我们现在采取了一系列措施：① 削减特许经营与产品订购预算……② 通过多渠道推广、售罄库存产品。（区域产品经理）

续表

一级编码	调研访谈
• 整合配送运营渠道 • 改变传统推式供应链运营	• 2012 年，我们在门店发现了大量过剩产品，尤其是加盟店。传统推式供应链运营缺乏一定的透明度。（区域产品经理） • 我们现在有四大配送中心，分别位于上海、天津、重庆和广州。我们收到了原始设备制造商的发货订单，并在配送中心进行了分类，根据地理位置将它们派往少数几家大型区域旗舰门店附近，再将产品分发到其他门店。在线订单也将先转发到零售店，由 3PL 合作伙伴统一取货并交付给"最后一公里"的最终客户。（区域产品经理）

2. 轴向编码

轴向编码是借由演绎与归纳，通过不断比较的方法将近似的一级编码链接在一起的复杂过程。其主要任务是选择和构建主要类属的内容，并将主要概念类属与次要概念类属连接起来，以重新组织数据。这样的操作会使两级编码之间形成一个关系网。在合并前已经形成的概念类属中，发现和建立概念类属之间的相互关系，如因果关系、情景关系、功能关系、过程关系、时间先后关系等。

在上述讨论的案例研究中，该研究初步形成了七个一级代码（表9-3）。首先，检查各一级概念类属与各现象彼此的关系，寻找相似的概念大类。比如，销售渠道种类多、提供多元定制化的购物体验讨论的是销售渠道的多元与影响，由此可以提高服务价值。销售渠道间集成度高、提供一体化精准的营销方案讨论的是集成度的影响，由此可以提高市场营销效率。使用多渠道消耗积压库存、降低采购预算、整合配送运营讨论的是渠道运营，由此可以提高渠道运营效率。在这个基础上思考大类类属与子概念之间可能存在的假设性关系。

通过基础分类区分，首先，归纳出三个基本大类概念：提高服务价值、提高市场营销效率、提高渠道运营效率（表9-3）。其次，为了明确证实资料是否支持上述这种假设性的关系，持续不断地寻找二级概念类属与一级概念类属的性质，并不断确认它们在当中的定位。在这个过程中，要不断地回到访谈原始数据，验证数据标签"销售渠道种类多"与"提供多元定制化的购物体验"是否可以证实"提高服务价值"，即确认在实际应用数据中有相关证据支持这两个方面的特征,且这两个方面的特征构成了描绘"全渠道部署"的充分特征。由此类推,验证数据标签"销售渠道间集成度高"与"提供一体化精准的营销方案"是两个互斥充分的编码,同时,这两个编码能够充分地被归纳为"提高市场营销效率"这个总的大类编码。最后,验证新的数据标签"使用多渠道消耗积压库存""降低采购预算""整合配送运营"是三个互斥充分的编码,同时这些基础编码能够被归纳为"提高渠道运营效率"这个总的大类编码。

表 9-3 通过轴向编码提炼一级代码间关系

二级代码	一级代码
提高服务价值	销售渠道种类多
	提供多元定制化的购物体验
提高市场营销效率	销售渠道间集成度高
	提供一体化精准的营销方案
提高渠道运营效率	使用多渠道消耗积压库存
	降低采购预算
	整合配送运营

3. 选择性编码

数据分析的最后阶段称为"选择性编码",这一阶段的主要工作是通过整合与凝练,在所有命名的概念类属中提炼出"核心类属"。核心类属是浓缩所有分析结果后得到的关键词,这几个关键词足以说明整个研究的内涵,即使条件改变导致所呈现的现象有所不同,但它们仍具备解释效力。在选择性编码之后,可以发展出一条"故事线",即用前两级编码发展出的类属、关系等提炼出一个可扼要说明全部现象的核心,并且可以用实证资料去验证。选择性编码是绘制主题和形成理论关系框架的最后阶段。科尔宾和施特劳斯提到,选择性编码是:选择核心类别构念,系统地将其与其他类别构念相关联,验证这些构念间的关系及解释需要进一步细化和发展的类别的过程。① 在这个阶段,可以发现二级分类构念间的关系,

---

① Corbin J M, Strauss A. Grounded theory research: Procedures, canons, and evaluative criteria [J]. Qualitative Sociology, 1990, 13 (1): 3-21.

从而发现总趋势与联系，构建新的理论框架，完善原有理论。

托马斯提到主题与分类是分析的基本组成部分，使用解释性探索的目的是让研究者或参与者在情境下将概念建构的意义显现出来。[①] 所以，设法解释想法是如何相互关联并绘制概念主题图或理论框架是案例研究与扎根理论分析最终的目的。该项研究正是通过对不同案例企业的采访数据进行跨案例对比分析，识别核心的概念类别，系统地构建它们间的关联并验证这些类别间的关系。由此，可以绘出一个总的联系图（图9-2）。这个图是在解构原有"全渠道销售"概念的基础上，通过加入新现象中提到的供应链运营要素，综合形成的一个对"全渠道"概念的新理解。

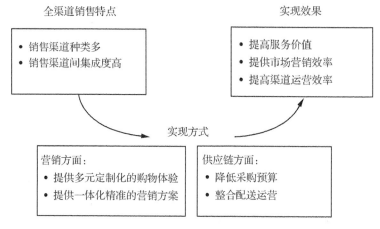

图9-2　融入新概念后的理论框架重构

扎根理论编码的整个过程是从解构理论到重新认知再到建构理论的过程。托马斯提出理论是案例研究分析和思考的重要工具，其像胶水一样将整个东西黏合在一起。[②] 案例研究就像一个包含所有探究细节的包装袋。探究是由一个时刻节点、一个人、一个地点或一个事件来加以定义的，研究者的工作通常是深入挖掘"如何"或"为什么"。这样做会积累一些需要理解的宝贵数据。要让所有数据提供有用的意义建构的片段，需要研究者以某种方式将它们连接起来，这就是理论的用武之地。理论将各个要素

---

① Thomas, G. How to do your research project: A guide for students [M]. 4th ed. London: SAGE, 2022: 1-100.

② Simons, H. Case study research in practice [M]. London: SAGE, 2009.

整合起来,就如研究的"肌肉"和"肌腱",把一个部分固定在另一个部分上,同时又能让它们相互表达与交流。有社会学家认为,理论是一种"概况技巧"的集合,这种技巧有助于解释现象和意义构建。概况意味着寻找模式,提炼或发现要素间的联系。理论就是寻求想法之间的桥梁。

9.3 NVivo 分析软件及其应用

NVivo 作为一款实用的质性数据分析软件,可以用来辅助开展质性数据分析,其作用包括梳理文献、深度挖掘数据结构、开展内容分析与扎根理论编码分析等。本节通过引入一些案例,并结合前面章节的内容,讲解 NVivo 在辅助数据分析中的一些特色应用。

1. 设计研究框架与导入数据

为了能更有效地使用 NVivo,在导入数据前,应该根据研究目的提前确定数据的基础架构和类别。例如,如果是文献综述,那么导入的是文献数据,分析的案例单元即一篇篇文章,且区分这些文章的属性(如年份、主题观点、研究方法、发表期刊类别)构成了特征分析单位。如果是调研数据分析,那么可以访谈或调研人物来构建案例单元,在分析时,再根据每个采访人物因角色不同而产生不同观点的核心特征加以分类。NVivo 能够分析多元数据(Word 文档、PDF 文档、Excel 表格、音频、视频等),并能将这些数据分类到各个主题中。图 9-3 显示了导入视频并将采访录音转化为可编辑文本的功能,图 9-4 显示了导入调查问卷的功能。

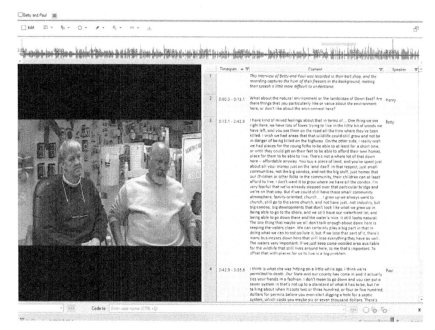

图9-3 导入视频并将采访录音转化为可编辑文本

图9-4 导入调查问卷

2. 创建编码与案例单元

根据三阶段扎根理论编码过程,研究人员可以通过 NVivo 辅助完成每一步,并且创建代码(图 9-5)、记录注释、创建备忘录等。这些功能能够辅助研究者更好地梳理思路,并且把如何形成每个代码及代码间关联的思维过程记录在每个备忘录内,以便后续跟踪每个思考过程并持续比较与校验。

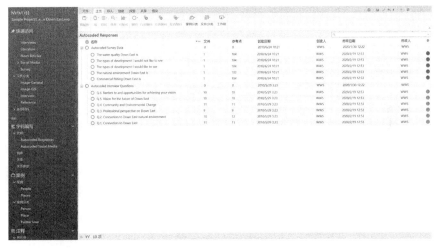

图 9-5 创建代码

批注功能对文件的选定部分进行相关的细节注释,如对报纸文章中照片的评论。备忘录是用于记录思考注释的研究日志,如访谈中受访者谈到的一些能引起争议、形成对比的思考点等。这些功能便于研究者在不断回顾代码时,重新发现代码间的关系,形成连贯的思路。NVivo 中可以创建多级代码面板(图 9-6)。点入每个代码后,表中汇总了编码来源参考的不同类别文档、对应的段落数据字段、该数据字段数据占总字段数据的覆盖比例。

图 9-6　代码、参考点与代码基础数据来源显示

通过构建一、二级代码，可以在系统内生成总代码结构图（图 9-7），然后进一步辅助思考各级编码间的关系，助力研究者构建选择性编码与总概念图。NVivo 中也可以创建案例与分析单元。根据案例研究中的主体分析单位，如调研的人员、地点或组织。像代码一样，可以在创建选项卡中创建它们。同时，通过创建案例（分析单元），可以为它们赋予属性（描述性信息）。案例分类是分配到案例的属性的集合，如性别、位置或年龄。如果希望将定量或分类信息与定性数据相关联，可以在界面中添加"分类"。"分类"是属性或变量组，是 NVivo 中用于链接定性数据和定量数据的工具，之后，可以使用"分类"中的信息询问有关定性编码和数据的问题。

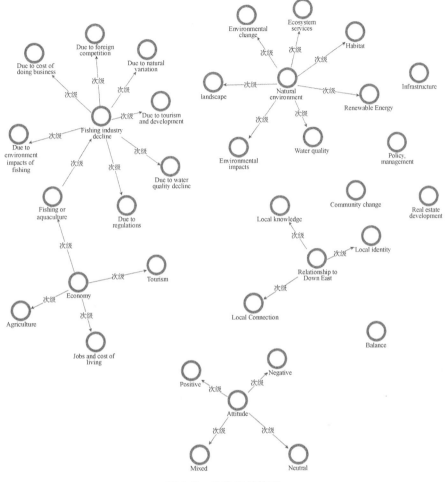

图 9-7 总代码结构图

  NVivo 中有两种基本分类：文件分类和案例分类。虽然它们的行为方式相似（组织定量信息），但是它们用于不同的目的。① 文件分类用于存储有关文件的书目信息。例如，研究者可以将文件分为期刊、书籍、报纸、网络音视频等，并定义日期和地点属性。进行文献研究时，研究者可以从 EndNote、RefWorks、Mendeley、Zotero 导入参考信息。② 案例分类涉及有关研究项目中案例的人口统计或描述性信息。例如，研究者可以将案例分为某个人员或某个组织，并定义人员的年龄和职业属性，用于案例研究的数据分析等。图 9-8 展示了示例项目中参与者的人口统计信息。目前，该示例项目中创建的案例来自不同采访对象，其中包含与每个案例相关的定性数据（例如，基于某个人员的整个访谈或其在多人访谈中的音频）。

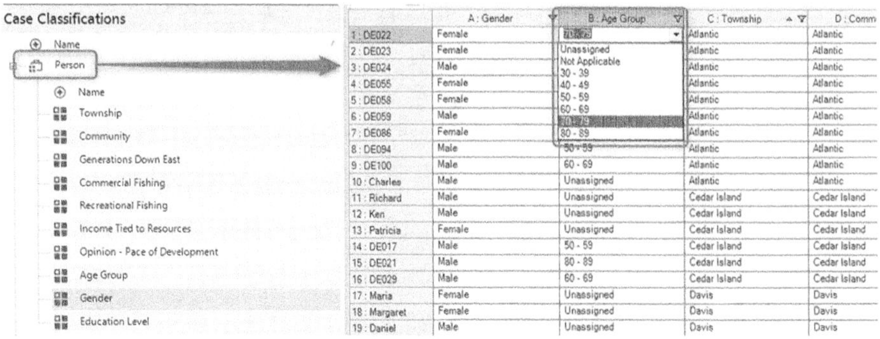

图 9-8　为案例添加案例分类属性并赋值

创建案例分类，可以将案例与描述案例属性联系起来。首先，向分类添加"属性"。"分类"是存储定量或描述性信息的属性组。若要完成为项目添加人口统计数据的设置，研究者需要将"属性"添加到"人员"分类中。将属性视为变量，即它们是描述研究者收集的数据的定量信息。在处理人口统计信息时，性别和年龄组可选为添加到"分类"的属性。创建"属性"后，需要分配"值"。例如，参与者的性别属性可能包含"男性""女性""非二元"等值。通过在系统内创建案例、分析单元并为单元分类赋属性值，可以将案例立体地描绘出来，并与每个相应的调研内容建立关联，便于后续对数据进行深入探索与挖掘。

3. 多维数据探索

NVivo 中的"查询"功能，能回应复杂问题、解析关系，并发现数据中的潜在关系。示例项目已经创建了以不同采访人物为案例主体的分析单元，以及相关描述案例特征的案例分类。同时，示例项目也已对不同采访人物的访谈数据进行了以"态度"为编码的一、二级代码。那么，如果研究者想了解具有某属性的采访人物对某访谈问题所展现的不同态度，如参与商业捕鱼的受访者对在区域内捕鱼的态度，就可以运用"查询"功能，进行案例与编码的交叉查询（图 9-9）。该功能展示了参与商业捕鱼的受访者对捕鱼的态度，其中，参与商业捕鱼的人中有 16 个参考点提到的内容是消极的；不参与商业捕鱼的人中有 86 个参考编码的内容是消极的；而在参与商业捕鱼者中对在该水域内捕鱼持乐观态度的仅有 3 个参考点。

通过点击每个频次数据，内部都详细记录了原始数据（图 9-10），包括受访者对该问题看法的具体论述。

	A：Person：Commercial Fishing = 是	B：Person：Commercial Fishing = 否
1：Positive	3	13
2：Mixed	0	6
3：Negative	16	67

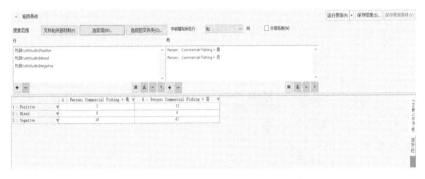

图 9-9　运用“查询”功能发现数据潜在关系

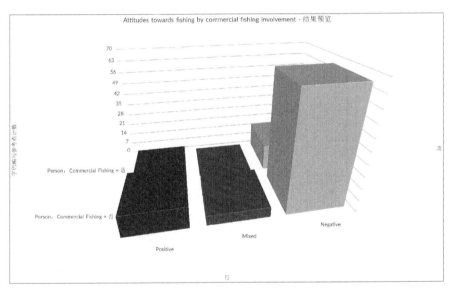

图 9-10　运用查询功能发现数据潜在关系的结果展示

最后，通过字码编写矩阵搜索功能查看不同编码在不同案例中的分布。比如，图 9-11 显示了对捕鱼参与度下降的原因持不同看法在具有某些不同特点的参与人中的分布情况。

Views on fishing decline by fishing inv

	A : Person:Commercial Fishing = True	B : Person:Commercial Fishing = False	C : Person:Recreational Fishing = True	D : Person:Recreational Fishing = False
1 : Fishing industry decline	11	[illegible]	36	24
2 : Due to cost of doing business	0	2	2	[illegible]
3 : Due to environment impacts of fishing	0	8	5	[illegible]
4 : Due to foreign competition	[illegible]	4	2	2
5 : Due to natural variation	[illegible]	[illegible]	0	0
6 : Due to regulations	1	2	2	1
7 : Due to tourism and development	2	2	3	1
8 : Due to water quality decline	0	6	1	4

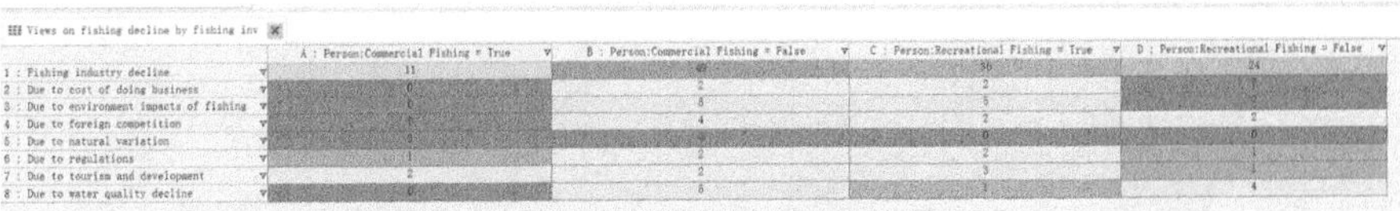

图 9-11　对捕鱼参与度下降的原因持不同看法的人员分布情况

"查询"功能也能创建基础词频的查询,并创建一个"词云",如运行在某编码主题下提到最多的短语与段落(stemmed words)(图 9-12)。在示例项目中,研究者可以进一步交叉搜索,如在微博或公众号的推文中持"悲观态度"的推文词频查询,该问题可以检索网上热议的关于主题的悲观用词和短语,汇总提到最多的词语及相关分支词,且以"词汇树"的形成呈现出关系图(图 9-13)。由此,可以发现可能的主题,或者进一步从分支中探索短语搜索查询并创建词云(图 9-14)。

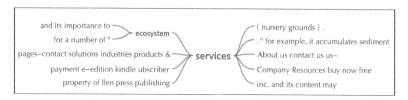

图 9-12　词频查询与词干词分析

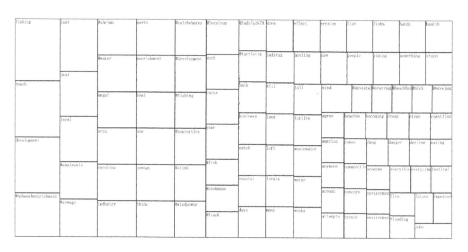

图 9-13　基于词频的词汇树

第 9 章 质性数据挖掘

图 9-14 基于词频的词云图

后　记

在编写完主要介绍公共管理定量研究方法教材的基础上，在指导研究生开展科研工作的过程中，我们发现公共管理专业的研究生经常要用到质性研究方法。经调研，我们发现扎根理论、田野调查等方法在公共管理研究领域有着悠远的应用历史，它们不是定量研究方法的替代品。在公共管理理论创造和创新的进程中，质性研究方法有着广阔的应用前景。所以，我们萌生了继续撰写一本讲解公共管理质性研究方法的教材。

幸运的是，此想法得到了学院领导、江苏省政治学优势学科、地方政府与社会治理优秀创新团队的支持，在此表示感谢。同时，也要感谢研究生孟秋明、郭小妹、柏艳、赵洁、吴落兰、周菱菲等，他们为本书的撰写和出版做了大量的工作，祝愿他们学业进步。本书第1~5章由宋典负责撰写，第6~9章由叶莹负责撰写。

收笔之际，仍忆朱夫子的诗：

　　　　昨夜江边春水生，艨艟巨舰一毛轻。

　　　　向来枉费推移力，此日中流自在行。

希望此书，能够成为读者的江边春水，助读者成为学海中的巨舰。